10.90

Herder Taschenbuch 1554

Über das Buch

„Ich hab' da eine Frage" – wie oft ist der bekannte Seelsorger und Rundfunkpfarrer Menschen begegnet, für die Glauben und Leben nicht mehr zusammenpassen. Warum hat Gott unsere drängende Bitte nicht erhört? Verlangt der Papst zuviel von den Eheleuten? Soll die Kirche sich nicht aus der Politik heraushalten? Was ist eigentlich noch Sünde? In zahlreichen Sendungen hat Hans Dieter Schelauske darauf geantwortet. Die Hörerpost bestätigt ihm immer wieder, daß er zu sehr konkreten Fragen gesprochen hat, die heute viele Christen beider Konfessionen beschäftigen. So entstand dieses Taschenbuch als ein Anstoß, Lebenshilfen im Glauben zu finden.

Über den Autor

Hans Dieter Schelauske, Dr. phil., 1936 in Siegburg geboren, war als Kölner Domvikar neun Jahre kirchlicher Rundfunkbeauftragter für die Kölner Sender Westdeutscher Rundfunk, Deutschlandfunk und Deutsche Welle. Seit 1980 ist er Oberpfarrer am St.-Quirinus-Münster in der rheinischen Großstadt Neuss. Aus seinem Engagement für ausländische Studenten während seiner Studienzeit haben sich viele lebenslängliche Freundschaften ergeben, die zu Reisen quer durch die Welt geführt haben.

Hans Dieter Schelauske

Ich hab' da eine Frage

Glaubenshilfen für das Leben

Herder Taschenbuch Verlag

Originalausgabe
erstmals veröffentlicht als Herder-Taschenbuch

Buchumschlag: Werner Bleyer
Umschlagfoto: Hartmut Schmidt

Herder Freiburg · Basel · Wien
Herstellung: Freiburger Graphische Betriebe 1988
ISBN 3-451-08554-2

Inhalt

Haben wir wirklich nichts mehr zu beichten?
Vom Schutt in den Hinterhöfen unserer Seele

Wie kann man Gott auf seiner Seite haben?
Was früher Tugend hieß und sich heute Anstand nennt

Sind liebenswerte Menschen selten geworden?
Das Beispiel des Herrn soll Schule machen

Ist es schwer, Freunde zu finden?
Über die Voraussetzungen der Freundschaft

Hat Besinnung einen Sinn?
Über unsere Versuche, bessere Menschen zu werden

Kennen Sie das nicht auch?
Von den vielen kleinen Steinen, die auf den Feldern unseres Lebens herumliegen

Ich hab' da 'mal 'ne Frage

Gespräch mit einer Fünfzehnjährigen über unseren Glauben

Sitzen wir auf dem richtigen Dampfer?

Man kann den Zugang zu Gott verstellen durch Gottesbilder aus Menschenhand

Soll ein Pfarrer auch politisch reden?

Zumindest die Ausrüstung unseres eigenen Herzens ist unsere Sache!

Vorwort

Der Mathematiker und Physiker Blaise Pascal – er lebte im 17. Jahrhundert – schreibt in seinen Gedanken über die Religion: „Die Natur bietet mir nichts, das nicht Anlaß zu Zweifel und Unruhe wäre. Wenn ich nichts in mir sähe, das auf einen Gott hinweist, würde ich mich für eine Leugnung entscheiden. Wenn ich überall nur die Spuren des Schöpfers sähe, würde ich freudig im Glauben ruhen. Da ich aber zu viel sehe, um zu leugnen, und zu wenig, um sicher zu sein, bin ich in einem beklagenswerten Zustand."

Ist dies nicht die Situation vieler Menschen auch heute? Sie befinden sich in einem „beklagenswerten Zustand". Sie sehen zu viel Schönes in der Welt und in ihrem eigenen Leben, um Gott zu leugnen. Und sie sehen zu wenig, um sicher zu sein, daß es Gott gibt.

Die Älteren von uns werden sich noch daran erinnern, was die erste Frage im alten Katechismus war. Sie lautete: Wozu sind wir auf Erden? Und die Antwort hieß: Wir sind auf Erden, um Gott zu erkennen, ihn zu lieben, ihm zu dienen und einmal ewig bei ihm zu leben. Die Frage: Wozu bin ich eigentlich da, was hat mein Leben für einen Sinn, wo läuft alles hin, was wir so tun, ist eigentlich *die* Frage junger Menschen. Aber nicht nur junge stellen sie. Mancher kommt sehr viel später dazu, sich dieser Sinn-Frage einmal zu stellen: Wozu bin ich da? Mancher stellt sie sich in der Mitte seines Lebens. Und wenn er keine Antwort findet, ist der Schritt nicht weit bis zur mid-life-crisis, die dann oft zur Flucht führt. Meist einer Flucht vor sich selbst, weil das eigene Ich uns immer wieder einholt.

Schon im Mittelalter hat der Franziskaner-Theologe Duns Scotus eine einfache und eindringliche Antwort auf diese Sinn-Frage gegeben. Er sagt, Gott habe den Menschen geschaffen, um Teilnehmer seiner Liebe zu haben. Die Welt könnte anders aussehen, wenn wir Christen unser Leben so definieren könnten: Wir sind Teilnehmer der Liebe Gottes.

Die vorliegenden Texte sind alle entstanden als „Morgenandachten“ oder „Worte in den Tag“ in deutschen Rundfunkanstalten. Jeder dieser Texte hat zu tun mit Menschen, die ich kennengelertn habe und die mir ihre Fragen stellten.

Gute Freunde fragen mich manchmal sehr hart: Und du, bist du denn so wie du die Leute haben willst? Nein, muß ich sagen. Es sind auch Texte der Sehnsucht. Die guten Ratschläge gelten auch für mich!

Hans Dieter Schelauske

Leeres Gerede in unseren Sprechblasen

Wie ernst sind unsere Worte?

1. Sprüchemacher

Berthold Brecht hat wohl zu Recht die Frage gestellt: „Was nützen die schönsten und dringendsten Sprüche, wenn sie sich so rasch verbrauchen?" Von einem Menschen zu sagen, er sei ein Sprüchemacher, dies ist sicher nicht gerade ein Adelsprädikat. Ein Sprüchemacher ist einer, der in allen Lebenslagen schnell daherzureden weiß. Sind seine Sprüche geistvoll, hat er die Chance, daß man ihm in intellektuellen Zirkeln gerne zuhört. Sind sie witzig, so hat er die Lacher auf seiner Seite, gilt vielleicht als angenehmer Gesellschafter. Sind sie politisch, so ist der Stammtisch der rechte Ort, sie loszuwerden. *Wie* einer seine Sprüche vorbringt, das ist wichtiger als der Inhalt. Man erwartet gar nicht erst, daß viel dahinter ist, wenn einer Sprüche klopft oder Phrasen drischt. Man begegnet immer wieder solchen Sprüchemachern, die für jede Situation ein Zitat von Wilhelm Busch oder Eugen Roth bereit haben und just dann von sich geben, wenn andere ob einer Nachricht noch sprachlos sind und erst einmal überlegen, was sie dazu sagen sollen. Allzuoft werden Sprüche benutzt, um über eine Hürde hinwegzuspringen. Wenn es sich um Scheinprobleme handelt, die wichtigtuerisch aufgebaut werden, so mag solch ein Spruch hilfreich sein wie der federnde Stab eines Hochspringers. Aber wenn es sich um ein Lebensproblem handelt, das einen Menschen zutiefst aufwühlt, sind Sprüche kaum hilfreich. Dann sind sie hohles Wortgeklingel, das nicht helfen kann, sondern Enttäuschung bereitet oder gar Wunden schlägt. Wer einem Menschen in der Not einer ihm zutiefst zusetzenden Situation mit Sprüchen begegnet (und seien sie auch aus der Bibel flugs herbeizitiert), der kann nicht erwarten, daß man ihn ernst nimmt oder gar seinen Händedruck oder sein Schulterklopfen als hilfreiche Geste eines Freundes empfindet. Ein wortloser Händedruck oder ein Arm, der sich liebevoll und stumm um einen Menschen legt und ihn an sich zieht, kann mehr bewirken als ein Spruch, der plappernd nur Leere bekundet oder Distanz aufbaut. Im Neuen Testament wird das Wort Jesu berichtet, der Mensch lebe von dem Wort, das aus dem Munde Gottes hervorgeht (Mt. 4,4). Manche Kalendermacher haben daraus den Schluß gezogen, es sei hilfreich, wenn man Bibelsprüche wie Kuverts mit je einer Lebensweisheit Jesu aus seinem Karteikasten hervorziehe, um sie anderen als Problemlösung zu präsentieren. Der Apostel Paulus rät zwar den Kolossern, sie sollten das Wort Gottes reichlich unter sich wohnen lassen (Kol. 3,16). Er wollte damit gewiß nicht sagen, man solle sich einen christlichen Zitatenschatz zulegen, um jedermann in allen Lebenslagen mit Bibelzitaten begegnen zu können. Was Paulus wollte, war etwas anderes: Man solle das Wort Gottes ernst nehmen und sein Leben danach richten. Gottes Wort als lebensprägende Kraft für mich selbst, das ist es, was der Apostel fordert. Dann wird es uns vielleicht an Sprüchen fehlen aber nicht an Ideenreichtum und an Phantasie, die ich brauche, um einem anderen begegnen zu können mit einem Wort, das hilft und nicht hohl klingt, oder mit einer Geste, die aufrichtet und nicht abwehrt. Kabarettisten enthüllen manchmal in ihren Persiflagen das Wortgeklingel in den Reden mancher Politiker. Wir pflegen uns darüber köstlich zu amüsieren. Aber sollten wir uns nicht einmal selber den Spiegel vorhalten, um zu erkennen, wieviel leeres Gerede in den Sprechblasen ist, die aus unseren Köpfen hervorkommen. Ich glaube, daß viele Menschen sich deshalb so einsam fühlen, auch wenn sie oft mit vielen anderen zusammenkommen, weil sie spüren, daß nur allgemeines Gerede sie umgibt. Kein Wort dringt an ihr Ohr, das ihnen etwas sagen könnte. Viele kommen sich vor wie ein Wartender in der Halle eines Flughafens, der tausend Worte um sich herumschwirren hört, aber keines ist für ihn bestimmt. Vielleicht sollten wir es täglich neu versuchen: einem Menschen ein Wort zu sagen, das nicht nur Gerede ist, sondern ein Wort für ihn – ein Wort, das sogar in seinem Herzen aufklingt und nicht im Ohr steckenbleibt.

2. Wie geht's?

Ich erinnere mich sehr genau, daß mir das gar nicht gefallen hatte: Unser Englisch-Lehrer hatte uns in der Schule erklärt, daß bei einer Vorstellung in England jeder den anderen frage: „How do you do?“ – Wie geht es Ihnen? Mittags bei Tisch erzählte ich's meiner Mutter: Die Engländer fragen, wie es einem geht, und dann wollen sie es gar nicht wissen. Mein Bruder, ein wenig jünger zwar, aber etwas realistischer eingestellt als ich, fragte dazwischen: „Ja, meinst du denn, das wäre bei uns anders? Das sagt man doch nur so ...“ Für uns Jungen war das gleich wieder eine Gelegenheit, einen Streit vom Zaun zu brechen und uns in die Wolle zu geraten. Ich hatte es doch oft genug erlebt: Wenn ein Erwachsener mich fragte: „Na, mein Junge, wie geht's dir denn?“, dann hatte ich ihm genau gesagt, was mich froh machte oder bedrückte, ich hatte ihm sozusagen das letzte Tagebuchblatt aus meinem kindlichen Leben vorgelesen. Und die hatten doch immer zugehört ... Ich beschloß insgeheim, der Sache auf den Grund zu gehen. Es war langwieriger als ich gedacht hatte, denn so oft kommt es gar nicht vor, daß Erwachsene Kinder fragen, wie es ihnen geht. Die fragen sich das – so merkte ich nun – immer nur untereinander. Aber nach etlichen Tagen war es soweit. Da fragte mich wirklich einer: „Na Kleiner, wie geht's dir?“ Ich wollte es ihm sagen, denn ich hatte gerade einen großen Kummer, aber ich hatte höchstens einen Satz herausgebracht, da wuschelte er mir mit seinen Händen einfach durch die Haare und befand: „Na, es wird schon werden ...“ Ich war ärgerlich aus dreifachem Grund: Erstens weil ich mit meinem Kummer allein blieb. Zweitens, weil mein Bruder offenbar recht hatte (und welchen Bruder ärgert das nicht?) und drittens, weil es doch traurig war, daß die Leute wirklich nichts voneinander wissen wollten.

Gelernt habe ich zumindest dies: Wenn ich heute über einen Schulhof gehe und Kinder fragen will, wie es ihnen geht, dann frage ich den weinenden Jungen, warum er weint, und das Mädchen, das mir strahlend entgegengehüpft kommt, worüber es sich freut. Und ich will es dann auch wissen und höre ihnen zu. Ich möchte mich dann – ganz wie es in der Bibel steht – freuen mit den Fröhlichen und trauern mit den Traurigen.

Aber daheim ist es gar nicht immer so. Telefon. Ich melde mich. Der andere kennt mich: „Wie geht's?" – „Danke und Ihnen?" Und dann zur Sache. Oder auch umgekehrt: Ich rufe an, stelle kurz fest: „Ich hoffe, es geht Ihnen gut", warte noch gerade, bis der andere seine Floskel losgeworden ist: „Och ja, es muß" ... und dann wiederum zur Sache. –

„Zur Sache", sehen Sie, das ist ein verräterisches Wort. Wir haben Tag für Tag eine Menge Sachen zu erledigen und möchten das schnell und erfolgreich tun. Aber wie haben wir's mit den Menschen? Kümmern sie uns, sind sie uns vielleicht sogar wichtig? Mehr und mehr gewöhnen sich die Menschen daran, daß es nur um Sachen geht: um Erfolge, um Bilanzen, um Produktionsziffern, um den Aufschwung und alles, was ihm angeblich dient. Ich bin Pfarrer einer Innenstadtgemeinde und gehe oft zu Fuß durch die Gemeinde. Ich traf einen alten Herrn, von dem ich wußte, daß er wochenlang im Krankenhaus war. Ich blieb stehen und fragte, wie es ihm gehe. Er begann zu erzählen, stockte dann plötzlich und meinte: „Ich komme ins Reden ... Sie haben sicher Wichtigeres zu tun ..." Nein, sagte ich, aber er wollte nicht. Vielleicht hatte ich zu viel herumgeschaut, vielleicht hatte er sich an die Zeit in seinem Berufsleben erinnert. Wir gingen auseinander, jeder seines Weges. Es darf wohl nicht sein, daß Menschen Zeit füreinander haben. Die Arbeitszeit wird kürzer, die Freizeit immer größer, aber Zeit füreinander scheinen die Menschen nicht mehr zu haben.

Manchmal nehme ich mir ausdrücklich vor, zu einem Menschen hinzugehen, der auf meine Frage warten könnte, und ihn wissen zu lassen, daß es mich jetzt und auch in Zukunft wirklich interessiert, wie es ihm geht. Ich bin sicher, daß es gar nicht wenige Menschen sind, die darauf warten, daß einer sie fragt, wie es ihnen geht, und die dann gerne einmal ins Reden kommen möchten. Sollten wir sie nicht lassen?

3. Ein Wort gibt das andere

Kinder, schon im Kindergarten, legen sich ein Arsenal von Schimpfworten zu. Wenn Eltern das zum erstenmal mitbekommen, was ihre Kinder da alles für Worte kennen, sind sie meist entsetzt, besonders wenn Fremde das mithören, etwa ein Gast der Familie. Fünfjährige schon wissen, ihr Schimpfwort-Vokabular genau zu handhaben. Früher fragten dann entsetzte Tanten: „Ja, wo hat er das denn her?" Dann wurde der Kindergarten genannt oder der Schulhof, wo dieses sonst so wohlbehütete Kind unvermeidlich mit Schmuddelkindern zusammentraf, die solche entsetzlichen Worte überhaupt kannten. Ich habe mir ganz kürzlich – sehr zur Empörung der fragenden Tante – erlaubt, mit dem Hinweis zu antworten, ihre vermeintlich mißratenen Neffen und Nichten würden vielleicht zu oft mit dem Papa im Auto fahren und hören, was der so alles sagt, wenn einer an der Ampel zu langsam ist oder wenn einer zu forsch auf die Fahrspur einbiegt. Immerhin hat eines Tages die Zeitschrift des größten deutschen Automobilclubs eine Liste veröffentlicht, wieviel Bußgeld für diese oder jene Beschimpfung unter Autofahrern oder der Polizei zu entrichten sei.

Wenn die Kinder auf dem Schulhof sich mit Schimpfworten titulieren, so machen sie es den Erwachsenen nach. Meist wissen sie gar nicht, was sie da genau sagen. Aber eines ist ihnen schon klar: Je mehr Unwillen ein Wort bei den Eltern oder bei Onkeln und Tanten ausgelöst hat, desto härter ist die Waffe dieses Wortes. Haben Eltern daheim sich über ein Wort besonders entsetzt, dann ist es bestens geeignet, den Gegner auch zu treffen; es ist vielleicht eine Geheimwaffe. Kinder suchen sich Worte, um sie wie Keulen auf ihre Gegner niederprallen zu lassen.

Und wir Erwachsenen? Ist nicht jeder politische Streit nach dem gleichen Schema aufgebaut: Nennst du mich Linker, sag' ich dir, du seiest Faschist? Hantiert nicht jeder Ehekrach mit den gleichen Verhaltensmustern, die wir bei den Kindern auf dem Schulhof beobachten können? Die Kinder machen bekanntlich nur nach, was sie von uns Erwachsenen lernen. Erregt sagt man ein Wort, das den anderen treffen soll. Der Angesprochene regt sich auf, sucht seinerseits nach einem Pfeil, den er abschießen kann. Er findet ihn, schießt zurück, will ihn treffen, vielleicht sogar „erledigen". Im schlimmsten Fall geben die Streitenden ja sogar zu, daß einer den anderen erledigen möchte oder „fertig machen". Und je besser sich zwei Menschen kennen, desto genauer wissen sie auch, womit sie den anderen am tiefsten verletzen können.

Wer einen solchen Streit bei anderen miterlebt, kann feststellen, wie es hergeht: ein Wort gibt das andere, löst neue Reaktionen aus und immer mehr steigern sich die Streitenden in eine Wut, auf deren Höhepunkt sie den anderen am liebsten vernichten möchten. Im extremsten Fall geschieht es tatsächlich, daß physische Gewalt angewendet wird.

In der Bergpredigt hat Jesus seinen Jüngern gesagt: „Ihr habt gehört, daß zu den Alten gesagt worden ist, du sollst nicht töten. Wer aber tötet, soll dem Gericht verfallen sein. Ich aber sage euch: Jeder, der seinem Bruder zürnt, soll dem Gericht verfallen sein, wer aber seinen Bruder beschimpft, soll vor den Hohen Rat kommen. Wer ihn aber verächtlich macht, soll der Feuerhölle schuldig sein" (Mt 5,21).

Mit diesen Sätzen wollte Jesus den Schritt tun zu einer Ethik, in der nicht nur handfeste Rechtsverletzungen im äußeren Bereich verurteilt werden, sondern schon die *Gesinnung* moralischer Qualifikation unterworfen wird, längst ehe es zu Taten kommt. Nehmen wir ernst, was Jesus fordert, so müssen wir unsere Worte häufiger abwägen und uns fragen: Darf ich wirklich so zu einem anderen reden? Jedes Wort, das wir hervorkramen, um einen anderen damit zu beschimpfen, unterliegt der harten Verurteilung der Bergpredigt. Im Schuldbekenntnis, das wir Katholiken am Anfang der heiligen Messe sprechen, bitten wir Gott um Verzeihung für die Sünden, die wir in Gedanken, *Worten* und Werken getan haben. Vielleicht denken wir zu wenig daran, daß wir tatsächlich sündigen können durch Worte, mit denen wir anderen Menschen Böses antun. Und zu selten wägen wir unsere Worte, ehe wir sie sagen. Große Worte, gelassen ausgesprochen, sind leider viel seltener als die boshaften kleinen Worte, die uns ganz flugs von der Zunge gehen.

4. Das Wort zu reden ohne Scheu ...

Jemandem wird „das Wort erteilt“ nennen wir das, wenn der Leiter einer Diskussion einem Teilnehmer Zeit zuteilt, damit er das Wort ergreife. Heilloses Durcheinander, ein undurchdringliches Sprachdickicht entsteht, wenn jeder sich selbst das Wort nimmt und redet, wann und wie es ihm paßt. Wo viele miteinander sprechen wollen, bedarf es eines Diskussionsleiters, damit jeder so zu Wort kommen kann, daß andere ihn auch verstehen. Wenn wir es aber genau nehmen, so kann der Diskussionsleiter mir eigentlich gar nicht das Wort erteilen – ich deutete es schon an –, sondern nur den zeitlichen Raum, in dem ich meine Worte sage. Die Worte sind mir nicht zugeteilt; ich muß sie selbst hervorbringen, um auszudrücken, was vorher in meinem Kopf als Gedanke vorhanden ist. Worte erweisen sich als Transportmittel für Gedanken und manchmal spüren wir, daß ein Wort oder deren viele gar nicht recht geeignet sind, das auszudrücken, was unseren Geist oder gar unser Herz bewegt. Dann müssen wir eingestehen, sprachlos zu sein. Aber auch das Umgekehrte ist uns bekannt; so sehr, daß wir ein Sprichwort daraus gemacht haben: Wessen das Herz voll ist, dessen läuft der Mund über. Wenn so viel leeres Stroh gedroschen und so viel leere Worte dahergeredet werden, so ist dies sicher ein Hinweis darauf, wie leer es im Inneren vieler Menschen ist.

Es gibt allerdings auch eine Sprachlosigkeit, die ganz einfach ein Mangel an Mut ist. Jeder Lehrer kennt Schüler, die eine Menge zu sagen hätten, aber sich nicht hervortrauen damit. Man muß sie förmlich drängen, sich zu äußern und ein Wort zu wagen. Ich habe den Eindruck, daß viele Christen zu den Wortkargen gehören, weil sie meinen, ihr Glaube sei etwas für den Privatgebrauch im stillen Kämmerlein. Der Apostel Paulus in seinem ersten Brief an die Gemeinde in Korinth sagt von sich selbst: „Wenn ich nämlich das Evangelium verkünde, kann ich mich dessen nicht rühmen; denn ein

Zwang liegt auf mir. Weh' mir, wenn ich das Evangelium nicht verkünde." Und erklärend fügt er noch hinzu, es sei ein Auftrag, der ihm anvertraut wurde. Und er kann von sich sagen, allen sei er alles geworden, um auf jeden Fall einige zu retten (1 Kor 9,16–23). Es scheint mir notwendig, daß wir Christen uns in unserer Sprachlosigkeit gelegentlich wieder daran erinnern würden, daß der Auftrag, Jesu Botschaft weiterzusagen, an jeden Getauften ergangen ist. Um uns herum nehmen viele das Wort und behaupten, sie wissen, was der Welt fehlt, und könnten es herbeibringen. Wer so sagt, kann mit Aufmerksamkeit rechnen, denn die Menschen halten Ausschau nach heilsamen Rezepten, an denen unsere Welt genesen könnte. Wir Christen haben *das Wort* selber und damit einen realen Grund der Hoffnung. Mit der Menschwerdung des ewigen Gottessohnes in Jesus von Nazareth ist die heile Wirklichkeit Gottes in unsere Menschenwelt hereingebrochen. Nicht, um zu zerstören, sondern um zu heilen. Der Christ hat eine unerschütterliche Hoffnung, da er in Christus weiß, daß Gott der Gott der Hoffnung und des Trostes ist.

Es heißt zu Anfang des ersten Petrusbriefes: „Gepriesen sei der Gott und Vater unseres Herrn Jesus Christus. Er hat uns in seinem großen Erbarmen neu gezeugt, damit wir durch die Auferstehung Jesu Christi von den Toten eine lebendige Hoffnung haben und das unzerstörbare, unbefleckte und unvergängliche Erbe erlangen, das für euch im Himmel aufbewahrt ist. Denn Gottes Macht behütet euch durch den Glauben, damit ihr das Heil erlangt, das am Ende der Zeit offenbart werden soll. Deshalb seid ihr voll Freude, obwohl ihr jetzt vielleicht kurze Zeit unter mancherlei Prüfungen leiden müßt" (1 Petr 1,3–6).

Wenn wir Christen uns der Freude bewußt werden, die aus Jesu froher Botschaft für die Menschen erwächst, dann werden wir aufmerksame Zuhörer finden. Ich habe immer wieder festgestellt, daß man denen gerne zuhört, die etwas von ihrer positiven Lebenserfahrung weitergeben. Tun wir's! Es gibt mehr Leute, die darauf warten als manche denken. Und wer dem Wort Gottes wirklich begegnet, der wird wie der Apostel Petrus zum Herrn selber sagen: Wohin Herr sollen wir gehen – du hast Worte des ewigen Lebens.

5. Falsche Zunge

Während wir selbst an jedem Tag hunderterlei Entschuldigungen finden für unsere eigenen Fehler und Erklärungen bereithalten für dieses und jenes Fehlverhalten im beruflichen und privaten Leben – wenn es um andere geht, sind wir weniger nachsichtig. Immer wieder erklären wir in scheinbarer Milde, wir hätten doch alle unsere Fehler. Aber es scheint, daß wir dieses Wort hauptsächlich dann in Erinnerung bringen, wenn wir unsere eigenen Fehler als harmlos und sozusagen unvermeidbar hinstellen möchten. Geht es um den Mitmenschen, so schleppen wir ihn allzu gerne und allzu schnell vor das Gericht unerbittlich strenger Moralvorschriften. Für manchen Zeitgenossen ist es zur Lieblingsbeschäftigung geworden, sich über Zustände in der Welt und Verhaltensweisen anderer zu entrüsten. Ganze Serien von Skandalblättchen leben davon, mit immer neuen Enthüllungen das Bedürfnis nach moralischem Abscheu zu befriedigen.

Würden die Skandalgeschichten anderer dazu führen, daß man selbst mit um so größerer Umsicht und Entschlossenheit auf dem Pfad der Tugend wandeln würde, so hätten sie ja noch ihr Gutes. Bekanntlich kann man auch aus den Fehlern anderer lernen. Doch nicht dies ist im allgemeinen der Effekt von Skandalgeschichten. In den meisten Fällen dienen sie dazu, die eigene Selbstgefälligkeit zu fördern. „Mein Gott, ist das entsetzlich“, seufzt man, und unausgesprochen wird hinzugedacht: „Ich danke dir, lieber Gott, daß ich nicht so bin wie dieser da ...“ Tagein tagaus stecken Menschen ihre Köpfe zusammen, um über andere herzuziehen. Vor ein paar Wochen saßen mir in der Hamburger S-Bahn drei Damen schräg gegenüber, die offensichtlich zu einem Kaffeeklatsch fuhren. Bis wir von Rissen bis Dammtor gekommen waren, hatte ich – zumindest per Vorname – alle Teilnehmerinnen des Kränzchens kennengelernt. Eine nach der anderen wurde vorgenommen und an jeder gab es etwas auszusetzen. Nur eine schien ohne Fehler zu sein. Alle drei stimmten überein: „Das ist ja man 'ne nette Person." Aber glücklicherweise war sie mit einem Mann verheiratet, der ein großer Bösewicht sein mußte. Eine der drei Damen schien Genaueres zu wissen und so packte sie aus und konnte sich gespannt lauschender Zuhörer sicher sein. Sollten ihre Schilderungen über das Verhalten dieses Herrn seiner Frau gegenüber zutreffen, so ist er ein recht übler Bursche, auch wenn er nach außen hin als Grandseigneur erscheint. Aber so ganz sicher war sie sich ihrer Schauergeschichten, die sie wahrscheinlich selbst nur vom Hörensagen kannte, wohl nicht, denn sie stellte beim Aussteigen zur eigenen Rückendeckung fest: „Aber bitte, ich will nichts gesagt haben." Ich konnte mir nicht verkneifen, ihr schnell noch zuzuzischen: „Aber sie haben es doch gesagt ..." Ein böser Blick ging auf mich nieder wie ein Blitzstrahl, und ich bin sicher, daß vom Bahnhof Dammtor bis zu dem Schlachtfeld, auf dem das Kaffeekränzchen stattfand, nun ich das Opfer empörter Reden war. Wie kann sich einer einmischen, wenn drei Damen sich unterhalten?! Manieren sind das, schrecklich!

Ich erzähle dies nicht, damit wir uns nun gemeinsam über die Klatschsucht anderer Menschen entsetzen und übereinstimmend feststellen, wieviel Schlimmes Tag für Tag durch leichtfertiges Gerede angerichtet wird. Ich meine, wir sollten lieber den Vorsatz fassen, mit unseren Worten vorsichtig zu sein. Dieser Satz „Ich will nichts gesagt haben" kommt mir vor wie der kümmerliche Versuch, Worte wieder einzufangen, die man vorher in die Welt gesetzt hat. Ebendies geht nicht. Es gelingt eher, einen entflogenen Kanarienvogel zurückzuholen als ein falsches oder boshaftes Wort. Auch unsere Redensart „Ich nehme das zurück" ist im Grunde lebensfern. Ein Wort, das gesagt und von anderen aufgenommen wurde, hat seine Wirkung. Vielleicht muß ich um Verzeihung bitten dafür, aber wirklich zurücknehmen kann ich es nicht. Deswegen hat Gott uns in den Zehn Geboten aufgegeben: Du sollst kein falsches Zeugnis geben. Das ist nicht nur eine Anweisung für unser Verhalten vor Gericht. Es ist ein ernstes Wort für jeden Tag, denn wir sind sehr schnell bei der Hand, über andere Zeugnis zu geben.

6. Worte, die Geschichte machen

Wir kennen das alle: Man gerät in einen Gottesdienst, in dem eine Predigt auf uns niedergeht, bei der eine christliche Phrase sich an die andere reiht und die eingeübten christlichen Formeln nur so daherpurzeln: Gnade, Heil, Sünde, Buße, Erlösung, Auferstehung ... Man geht nach Hause und hat das Gefühl: irgendwie stimmt das alles, was der Pfarrer da gesagt hat, aber mit *meinem* Alltag in Familie, Firma und Freundeskreis hat das alles nichts zu tun. „Selbstlaufendes Vokabular" hat ein zorniger Journalist einmal genannt, was er von uns Pfarrern über Wochen hin vorgesetzt bekommen hatte. Ein merkwürdiges Wort. Eines Tages traf ich einen berühmten Prediger, der mit seinen ungewöhnlich frechen Formulierungen in den fünfziger Jahren in ganz Deutschland Furore gemacht hatte. Wir kamen ins Gespräch, und ich sagte ihm, wie sehr ich ihn damals als Pennäler bewundert hätte. „Na schön", sagte er, „ich komme gerne 'mal in ihre Kirche, wenn sie mich einladen." Ich lud ihn ein, und er ließ vor seiner Zuhörerschaft noch einmal das Brillantfeuerwerk seiner alten Formulierungen erstrahlen. Wir waren allesamt enttäuscht. Ich fühlte mich nicht angesprochen und viele andere auch nicht. Ich glaube allerdings, daß es nicht seine Schuld war. Er hat vor 30 Jahren genauso geredet wie an diesem Abend. Aber einem Irrtum ist er erlegen, dem wir Pfarrer oft erliegen: Wir meinen allzuoft, *wir* müßten die Menschen bewegen mit unseren Worten. Wir möchten mit unseren Formulierungskünsten dem Wort Gottes zu besserer Wirkung verhelfen. Und genau das ist falsch. Das Wort der Bibel bedarf zwar der Erklärung, weil es *aus* einer Zeit zu Menschen *in* einer zeitgeschichtlich bedingten Situation gesprochen ist. Aber es bedarf nicht der „Gags", um zu landen.

Um die Menschen zu erreichen, bedarf das Wort Gottes glaubwürdiger Interpreten, die in unser Leben hinein überzeugend sagen, was sie selber glauben und weshalb sie so handeln wie sie handeln. Gott sei Dank hat es solche Gestalten zu allen Zeiten gegeben, und es ist nicht christlicher Starkult, wenn Menschen lernbegierig und voll Achtung zu ihnen aufblicken. Man hat die Bibel inzwischen in 197 Sprachen übersetzt. Damit, so könnte man meinen, hat jedermann Zugang zu Gottes Wort. Aber wir wissen recht gut, daß die christliche Botschaft als bloßes Druckerzeugnis nicht viel bewegen kann. Es muß durch Menschen zu Menschen gebracht werden. In einem Fastenhirtenbrief schrieb Kardinal Höffner einmal: „Weil wir Gottes Volk inmitten einer Welt sind, die ‚unter der Macht des Bösen steht‘ (1 Joh 5, 19), sollen wir die *Unruhe zu Gott* in die Welt tragen." Und er zitierte aus dem Laiendekret des 2. Vatikanischen Konzils, daß es eine allen Christen auferlegte ehrenvolle Last sei, daran mitzuwirken, daß die göttliche Heilsbotschaft überall auf Erden von allen Menschen anerkannt und verwirklicht werde. Die Verkündigung der „großen Taten Gottes" ist nicht nur den Pfarrern aufgetragen, die es von Amts wegen zu tun haben, sondern dem ganzen Volk Gottes. Alle Gläubigen, so heißt es im 1. Petrusbrief (2, 9), sind ein „auserwähltes Geschlecht und eine königliche Priesterschaft". Der Kölner Erzbischof sprach von der Gefahr der Anpassung, die in unserer gleichmacherischen Gesellschaft besonders groß sei. „Es ist die Versuchung des ‚Wir auch‘. Die anderen lassen ihre Ehen scheiden – wir auch. Die anderen leben ohne Trauschein zusammen – wir auch. Die anderen haben das Tischgebet abgeschafft und das Kreuz und das Marienbild aus ihrer Wohnung entfernt – wir auch." Und dann zitiert er die Warnung des heiligen Paulus vor diesem „Wir auch". Paulus im Römerbrief setzte gegen das „Wir auch" das mutige „Wir dagegen". Die anderen nennen die Botschaft vom Kreuz Torheit und Ärgernis, „wir dagegen verkündigen Christus als den Gekreuzigten" (1 Kor 1, 23).

Die Anpassung der christlichen Verkündigung an die Denkweise des heutigen Menschen kann sehr leicht zu einer Preisgabe der Botschaft Jesu an Ideologien führen. Dann aber können uns Kritiker unseres Christentums sehr wohl vorwerfen, wir brauchten fromme, religiöse Rede nur zur Bemäntelung eigener Interessen. Lenin hat 1912 den Satz geschrieben: „Die Geistlichkeit beteiligte sich an der Politik stets versteckt. Für das Volk wird es nur von Nutzen sein, und zwar von großem Nutzen, wenn die Geistlichkeit an der Politik offen teilnimmt“ (Werke, Bd. 18, Berlin 1962, S. 217). Ich finde, nicht nur die Geistlichen, alle Christen sollten offen und wenn es sein muß offensiv an der Politik teilnehmen, denn sie ist die Gestaltung unseres Lebens. Und da haben wir Christen ein Wort mitzureden. Es kann ruhig ein Wort sein, das unseren Taten zunächst voraus ist. Zur Lüge werden unsere Worte erst dann, wenn sie leer sind und auf Dauer ungedeckt von unseren Taten. Dann wird aus unseren Worten ein Wortschwindel. Lenin hatte das erhofft. Wir könnten ihn widerlegen. Die Worte des Christentums haben Geschichte gemacht und können es auch heute.

Sind Gottes Gebote noch aktuell?

Anmerkungen zu den Zehn Geboten

1. Du sollst Vater und Mutter ehren

Erinnern Sie sich: Da gab es vor ein paar Jahren einen Schlager, der mit dem zärtlich klingenden Satz begann: „Ich hab Ehrfurcht vor schneeweißen Haaren ..." Manchesmal hörte man die Platte in Wunschkonzerten, weil sie Söhnen und Töchtern geeignet erschien, den alten Eltern einen liebevollen Gruß zu übermitteln. Die Ehrfurcht vor dem Alter, seiner Lebenserfahrung und Leistung ist nicht ganz ausgestorben, so scheint es. Aber jene, die selbst zu der Generation mit den schneeweißen Haaren gehören, führen oft bittere Klage, daß sie selten geworden sei. Vielleicht ist schon die Tatsache, daß man von „alten Menschen" gar nicht mehr zu sprechen wagt, sondern sie lieber Senioren nennt, ein Hinweis auf unsere Unfähigkeit, ein unbefangenes Verhältnis zum Alter zu finden.

Die Angst vor dem Alter als Abschnitt unseres Lebens hat sicherlich unterschiedliche Ursachen. Für einen Menschen, der nicht glaubt an ein Jenseits und das ewige Leben bei Gott, wird das Alter zum Lebensabend, der einmündet in die Nacht endgültigen Sterbens, in der alles Licht verloschen ist. Doch auch dort, wo christlicher Glaube an Auferstehung und eine neue Zukunft lebendig sind, gibt es die Angst vor dem Alter, weil es eine Wegstrecke darstellt, die durch Zonen unseres gesellschaftlichen Lebens führt, in denen uns ein eisiger Wind entgegenweht. Die Angst vor dem Alter erwächst zu einem guten Teil aus dem Bewußtsein, in Einsamkeit und Isolierung gedrängt zu werden. Unsere Gesellschaft hat sich vieles erdacht an Altersvorsorge und Altenfürsorge, aber viele dieser Maßnahmen machen in ihrer tatsächlichen Auswirkung das Altern nicht lebenswert, sondern führen in ein Ghetto der Alten. Vielerlei Annehmlichkeiten, die man für den alten Menschen anbietet, können nicht darüber hinwegtäuschen, daß er am Rande der Gesellschaft und ihres munteren Treibens leben muß. Gefragt, wie es ihr gehe, antwortete mir eine Dame, die kürzlich in ein Altersheim übersiedelt war: „Ich bin bestens versorgt, Herr Pfarrer, aber überflüssig." Was sie sagte, empfinden viele – auch außerhalb der Altersheime.

Die Ehrfurcht vor schneeweißen Haaren, soll sie mehr sein als harmloses Geschwafel ohne Verbindlichkeit, kann nur unter einer ganz bestimmten Voraussetzung wieder wachsen: wenn wir aufhören, den alten Menschen von obenherab Wohltaten zuzuschieben, wenn wir nicht länger herabschauen auf die Alten, sondern wieder aufschauen zu ihnen. Gottes viertes Gebot lautet nicht: Du sollst dir für Vater und Mutter allerlei Seniorenspaß ausdenken. Es lautet: Du sollst Vater und Muter ehren. Gewiß wollte dieses Gebot ursprünglich die jüngere Generation in Pflicht nehmen für die Versorgung der alten Eltern. Die veränderten Lebensumstände haben den Versorgungsauftrag weitgehend institutionalisiert und der Gesellschaft übertragen. Geblieben aber ist die Mahnung Gottes, uns um eine Verbundenheit mit den Eltern zu bemühen, in der wir selbst uns als vielfach Beschenkte sehen und Antwort geben auf eine Liebe, die uns zuerst geliebt hat.

Es ist kein Zufall, daß dem 4. Gebot eine Verheißung beigefügt ist: „auf daß du lange lebst in dem Lande, das dir der Herr, dein Gott, geben will". Unser Verhalten gegenüber den Alten baut mit an der Welt, in der wir selbst einmal leben. Es liegt auch bei uns, ob wir uns davor fürchten müssen.

2. Du sollst nicht töten

Gleich auf den ersten Seiten unserer Bibel wird in einer Erzählung deutlich gemacht, wozu der Mensch fähig wird, nachdem er sich nicht mehr Gott unterordnen, sondern den eigenen Trieben und Motiven folgen wollte. Es ist die Geschichte von Kain, der aus Neid seinen Bruder Abel erschlägt. In bildhaft-volkstümlicher Weise ist dort ausgedrückt: Nach der Auflehnung des Menschen gegen Gott gibt es den Kampf des Menschen gegen den Menschen. Die Geschichte von Kain und Abel ist nicht zu Ende. Zum Neid als dem ersten Motiv sind viele andere hinzugekommen. Die Geschichte der Menschheit ist zu einer Geschichte millionenfacher Morde geworden bis in unsere Tage. Als Mose dem Volk Israel die Tafeln mit den 10 Geboten übergab, die zu den Grundregeln menschlichen Zusammenlebens werden sollten, begann sogleich eine Auslegung, was die Forderung „Du sollst nicht töten“ besagen sollte. Die schrankenlose Willkür des einzelnen sollte ausgeschaltet werden, zugleich aber behielt sich die Gemeinschaft vor, eben doch über Leben und Tod zu verfügen. Tötungen im Rechtswesen und im Krieg waren nicht ausgeschlossen. Jesus Christus wollte es damit nicht bewenden lassen. In seiner Bergpredigt wird durch das Gebot der Feindesliebe das 5. Gebot in seiner bisherigen Interpretation überhöht und jegliche Tötung in Frage gestellt. Die Bergpredigt will in ihrer positiven Konsequenz erreichen, daß die Jünger Jesu das Leben des Nächsten schützen und fördern. In dem neuen Katechismus „Botschaft des Glaubens“ heißt es deshalb: „Für den Christen bedeutet das fünfte Gebot: Du sollst dein eigenes Leben und das Leben deiner Mitmenschen nicht unnötig in Gefahr bringen, nicht schädigen oder gar vernichten. Du sollst das Leben des Mitmenschen als sein höchstes irdisches Gut ansehen und seine Gesundheit und Unversehrtheit als hohen Wert achten.“ Erst in den letzten Jahren ist einer breiteren Öffentlichkeit zum Bewußtsein gekommen, daß es Gefährdungen des Lebens auch durch die rücksichtslose Ausbeutung der Rohstoff- und Energiequellen unserer Erde und durch eine schrankenlose Fortentwicklung technischer Möglichkeiten gibt. Die umfassende Forderung des Christentums nach Schutz und Förderung des Lebens reicht hinein in viele Einzelbereiche unseres Daseins. Sie fordert zu Konsequenzen auf im Bereich der Entwicklungs- und Sozialpolitik, denn Lebensbeschädigung oder Lebensvernichtung kann auch durch Entziehen, Zerstören und Vorenthalten von Lebensmöglichkeiten geschehen. Sie zieht Folgerungen nach sich auch für Sozial- und Kulturpolitik, die um eine Entfaltung des Personseins und der Personwürde des Menschen besorgt sein müssen. Der Katalog dessen, was als Schutz des Lebens in diesem umfassenden christlichen Sinn zu gelten hat, ist so riesig, daß wir schnell dazu neigen, ihn auf den Tisch der Politiker zu schieben und für uns selbst zu erklären, wir als einzelne seien machtlos. Machen wir es uns nicht zu leicht! Die lebenswichtigen Fragen des Energieverbrauches werden durchaus vom einzelnen mitentschieden. Und dies ist nur *ein* Beispiel. Gottes Gebote sind in der Einzahl formuliert: *Du* sollst ... und das ist kein Zufall, weil Sittlichkeit nur durch die innere Bereitschaft der einzelnen entstehen kann.

3. Du sollst nicht ehebrechen

In seinem köstlichen Büchlein „Dienstanweisungen an einen Unterteufel“ hat der englische Schriftsteller Clive Staple Lewis deutlich gemacht, daß Abbau von Moral- und Wertvorstellungen recht erfolgversprechend betrieben werden kann, wenn man Sachverhalte durch eingängige Schlagworte verharmlost. Jene Ideologen, die dem christlichen Ehe- und Familienideal das Wasser abgraben wollten, weil sie darin eine „Untertanenfabrik autoritärer Gesellschaften“ (Max Horkheimer) sahen, taten sich lange Zeit schwer. Mit Soziologendeutsch, so zeigte sich, ließ sich der Kampf gegen die verhaßte bürgerliche Gesellschaft nicht führen. Besser ging es mit einem Schlagwort, das inzwischen längst in aller Munde ist und sich recht harmlos ausnimmt. Da ist seit ein paar Jahren die Rede von der „Ehe ohne Trauschein“. Das Zusammenleben zweier Menschen wird als eine Ehe bezeichnet, die lediglich auf das schmückende Beiwerk bürgerlichen und kirchlichen Zeremoniells verzichtet hat, jenes vermeintlichen Brimboriums also, das durch den Trauschein quittiert wird. Was sich so harmlos gebärdet, ist in Wirklichkeit ein Angriff auf ein Fundament menschlicher Gemeinschaft. Alle Kulturen sehen in der Ehe ein heiliges Gut, das des Schutzes der Gemeinschaft bedarf. Die Unantastbarkeit der Ehe ist eine Grundforderung des Naturrechts. In der Zeit der jüdischen Patriarchen, im babylonischen Gesetz des Hammurabi und im altassyrischen Gesetz stand auf Ehebruch die Todesstrafe. Auch der römische Historiker Tacitus weiß in seinem Buch über die Germanen von den strengen Bestrafungen der Ehebrecher zu berichten. In diesen rigorosen Regelungen alter Kulturen ist ein ursprüngliches Bewußtsein vorhanden, daß die Ehe eine gottgewollte, dauerhafte Lebensgemeinschaft sei, die für den einzelnen ebenso wie für die Gemeinschaft von größter Bedeutung ist. Da nach göttlicher Ordnung die Ehe eine feste Institution ist, hat Gott sie mit eigenen Gesetzen geschützt. So fordert Gott im sechsten Gebot: Du sollst nicht ehebrechen. Nach dem ursprünglichen Verständnis soll dieses Gebot die Ehe des Israeliten vor Zerstörung durch den Ehebruch schützen. Dieser Ursinn, die eheliche Treue zu schützen, ist von beiden christlichen Kirchen in ihrer gemeinsamen Erklärung zu den „Grundwerten und Gottes Gebot", die 1979 erschien, nachdrücklich unterstrichen worden. Dort heißt es: „In der gegenwärtigen Diskussion um die Institution der Ehe und angesichts des Steigens der Ehescheidungsquoten erinnert das Gebot daran, daß die Ehe als soziale Institution die Partner auf Lebenszeit in Freude und Leid verbindet." Für Christen besteht zwischen institutioneller und personaler Haltung von Liebe und Treue kein Widerspruch. Nach dem Verständnis des Neuen Testamentes hat die Liebe Christi zu seiner Kirche in der Ehe nicht nur ihr Abbild. „Die christliche Ehe", so schrieb Kardinal Höffner vor Jahren in einem Hirtenbrief, „ist vielmehr Teilnahme an jener göttlichen Liebe und ihr Gegenwärtigwerden in der Welt." Im Blick auf diese Teilnahme bedeutet die eheliche Treue unbedingte Annahme des anderen Menschen und zwar auf immer und ohne Vorbehalte. Man hat uns Christen manchmal unverblümt gesagt, unsere Eheauffassung sei antiquiert. Heute, so scheint mir, zeigt sich, daß sie ein Weg zu menschlichem Glück ist, der uns bewahren kann vor dem schmerzlichen Zerbrechen nur oberflächlicher Bindungen, die keiner Belastung standhalten, weil sie in Wirklichkeit nur leidenschaftlich geliebte Träume waren.

4. Du sollst nicht stehlen

Auch heute noch haben die Beduinen ein ausgeprägtes Gefühl für Gastfreundschaft und dafür, daß man ein Herz haben müsse für den anderen, der unterwegs ist in der Wüste. Ich war unterwegs mit einer Gruppe von Pilgern auf dem Weg zum Berge Sinai. Wir besuchten einen Friedhof der Beduinen. Dicht daneben befinden sich ein kleiner Bretterverschlag und ein Sonnenschutzdach mit einer Feuerstelle. Durchwandernde Beduinen-Familien, die zu den Gräbern ihrer Vorfahren pilgerten, fanden früher dort einiges Geschirr, ein paar Töpfe und ein paar bescheidene Vorräte, vor allem Kaffee. Für die Neuankommenden war es ein Gruß derer, die schon wieder weitergezogen waren, aber auch ein Freundesdienst, denn sie konnten sich ein wenig erfrischen, noch ehe sie die eigenen Sachen ausgepackt hatten. Inzwischen ist der Verschlag mit Schloß und Kette gesichert und anstelle der alten Kannen und Töpfe aus Messing oder Kupfer sieht man nur billige Blechgefäße und Behälter aus Plastik. Die Touristen haben schamlos mitgenommen, was ihnen gefiel und zur Ausstaffierung ihrer Wohnzimmer oder Hausbars noch fehlte. Daß damit eine Kultur zerstört wird, was kümmert es sie? Leute, die ihren eigenen Wohlstand gesellschaftlichen Regelungen verdanken, welche das persönliche Eigentum schützen, vergreifen sich ohne besondere Hemmungen am Eigentum anderer. Bei der Preiskalkulation großer Kaufhäuser werden Ladendiebstähle bereits eingerechnet. Bei Jugendlichen und sogar bei Kindern werden Diebereien fast wie ein Sport betrieben. Die Eigentumsdelikte werden ausgerechnet in den Ländern des Wohlstandes immer häufiger. Offen von einem moralischen Verfall zu sprechen, wer wagt das schon? Immer mehr Geld wird ausgegeben, um neue Alarmanlagen und Sicherheitsschlösser auszuklügeln, weil man sich abfindet mit dem Zerbröseln der Wertvorstellungen so als sei dies unabwendbares Schicksal.

Der Evangelist Markus berichtet, daß eines Tages ein junger Mann an Jesus herangetreten sei und ihn gefragt habe, was er tun müsse, um das ewige Leben zu erlangen. Jesus antwortete ihm: er solle die Gebote halten, und er nannte, was schon bei Mose niedergelegt war. Er brachte die Grundnormen in Erinnerung, die das Verhalten zu den Mitmenschen regeln. Auch das Gebot: Du sollst nicht stehlen. Die christlichen Kirchen in Deutschland haben 1979 in ihrer Erklärung zu den Grundwerten erneut betont, daß dieses Gebot „das persönliche Eigentum des Menschen unter den Schutz Gottes stellt, weil es dem Menschen die Möglichkeit der Verwirklichung personaler Freiheit gewährt" und weil Eigentum einen „persönlichen Verfügungsbereich" eröffnet. In der Sicht des Evangeliums ist Diebstahl nicht ein harmloses Kavaliersdelikt, sondern ein Verstoß gegen den Mitmenschen, der Anspruch darauf hat, daß auch sein privates Eigentum geachtet wird und unangetastet bleibt. Der französische Sozialkritiker Proudhon prägte den Satz, Eigentum sei Diebstahl. Karl Marx bezeichnete das Privateigentum als die Ursünde der Menschheit und als Quelle aller sozialen Übel. Inzwischen haben wir genügend Beispiele dafür, daß die totale Sozialisierung des Eigentums keineswegs bessere gesellschaftliche Verhältnisse schafft und mehr zur Verwirklichung der Menschenwürde beiträgt. Wir hätten also Grund, uns auf die Eigentumslehre des Christentums neu zu besinnen. Das Gebot „Du sollst nicht stehlen" will – so die Grundwerteerklärung der christlichen Kirchen – umfassend die Lebenschancen des Mitmenschen und die Achtung und Förderung der Entfaltungsmöglichkeiten anderer sichern. Damit ist die von der christlichen Soziallehre immer betonte soziale Verpflichtung des Eigentums erneut in Erinnerung gebracht. Ich finde es sehr überzeugend, wenn die christlichen Kirchen für das 7. Gebot die neue Formulierung vorschlagen: „Du sollst nicht zu deinem Vorteil auf Kosten deiner Mitmenschen leben."

5. Du sollst kein falsches Zeugnis geben wider deinen Nächsten

Der kleine Markus erzählt beim Spielen, daß sein Vater ein Auto besitze, das 200 Stundenkilometer schnell sei. Gisela hört das und will ihn übertrumpfen: „Unser Auto fährt 500 Stundenkilometer." Ein andermal ist es die Größe der Wohnung. Ein Kind verkündet, sie hätten zu Hause fünf Zimmer, ein anderes hat mehr zu bieten: sie hätten 1000 Zimmer. Wir Erwachsenen lächeln, wenn wir das mitbekommen. Wir wissen, daß dieses erste Lügen der Kinder im Vorschulalter aus dem Bedürfnis nach Selbstmitteilung entspringt und nur Aufmerksamkeit und Interesse auf sich lenken möchte. Aber schmerzlich betroffen sind Eltern, wenn sie beim Schulkind entdecken, daß es eines Tages lügt, um sich vor Strafe und Tadel zu schützen, weil es ein Versagen nicht eingestehen will. Nun wird Lüge erfahren als eine Störung des Vertrauensverhältnisses. Und dies ist es, was die Lüge zur Unmoral macht. Im Wortlaut der 10 Gebote, deren Sinn es ja ist, Maßstäbe einer menschenwürdigen Gesellschaft zu erhalten, lautet das 8. Gebot: Du sollst nicht falsches Zeugnis geben wider deinen Nächsten. Gewiß hat dieses Gebot zunächst die Aufgabe gehabt, den freien Israeliten zu verpflichten, eine an Recht und Gerechtigkeit ausgerichtete Rechtsordnung zu wahren. Zahlreiche Stellen des Alten Testaments verurteilen in aller Schärfe die Falschaussage vor Gericht, um Leben, Ehre und Besitz des einzelnen zu schützen. Aber schon im Alten Testament ging es um mehr: um das „rechte Denken im Herzen", wie der 15. Psalm es ausdrückt. Dem Volk des Mose war bewußt, daß das Nein zum Mitmenschen längst nicht nur im Falle eines Meineides im Strafprozeß zur Auswirkung gelangt, sondern viel häufiger im alltäglichen Umgang mit ihm. Erst recht müßte für uns Christen, deren Umgang mit anderen von Jesus unter das Gebot der Nächstenliebe gestellt ist, das 8. Gebot die Aufforderung sein, den anderen Menschen nicht zu enttäuschen, ihm das Vertrauen in die Menschen nicht zu rauben, seine Ehre nicht anzutasten. Den biblischen Weisungen des Alten und Neuen Testaments geht es um eine „gemeinschaftsverbundene Wahrhaftigkeit und Redlichkeit" (A. Deissler). Aber es scheint, als sei unser Gewissen gerade in diesem Bereich sehr stumpf geworden. Wieviel üble Nachrede und Ehrabschneidung geschieht tagein tagaus in scheinbar harmlosen Gesprächen an Straßenecken, in Treppenhäusern und Büros. In Zeitungen, Illustrierten, Magazinen, im Radio und im Fernsehen haben es ganze Heerscharen von Journalisten abgesehen auf Enthüllungen und darauf, die wirklichen oder angeblichen Verfehlungen anderer ans Tageslicht zu zerren. Der Freiburger Theologe Alfons Deissler hat hierzu vor Jahren eine Anmerkung gemacht, die mir sehr bedenkenswert erscheint: „Wenn jemand – so schreibt er – verborgene Verfehlungen eines anderen ohne zwingenden höheren Grund der Öffentlichkeit preisgibt, kann er sich vor Gott keineswegs auf die Wahrheit, das heißt die Übereinstimmung von Gesagtem und Geschehenem berufen. Er hat vielmehr zu gewärtigen, daß diese seine Kolportage von geheimen Fehltaten anderer vor Gott viel schlimmer wiegen kann als die kolportierten Verfehlungen selbst. Denn Gottes geradezu leidenschaftliches Anliegen – das bezeugen alle Propheten und Jesus erst recht – ist das radikale ‚Ja' des Menschen zum Mitmenschen. Vor diesem Gott kann nichts bestehen, was im Reden und sogar schon im Denken die Mitmenschen, sei es unbegründet oder sei es unnötig, bloßstellt." –

Es kann uns nur guttun, wenn solche Worte uns auch vor Wahlkämpfen rechtzeitig in Erinnerung kommen. Und was wir von den Politikern und „denen da droben" erwarten, sollten wir im eigenen Alltag heute schon praktizieren: an dem kleinen Platz unserer Wirksamkeit. Dies kann schon der Frühstückstisch sein oder der Plausch mit dem Kollegen vor der Arbeit.

6. Du sollst nicht begehren deines Nächsten Hab und Gut

Unsere staatliche Gesetzgebung kennt keine bloßen Gesinnungsdelikte. Wenn eine Straftat geschehen ist, so wird der Richter für die Strafzumessung zwar die Motive und die Gesinnung des Täters mit in Blick nehmen, aber keiner kann in einem Rechtsstaat verurteilt werden, weil er nur in Gedanken einen anderen beleidigt, einen Anschlag auf sein Hab und Gut unternommen hat oder gar in seine Ehe eingedrungen ist. Was sich nur im Inneren des Menschen abspielt, im Bereich des Denkens, Fühlens und Wollens, ist staatlichem Zugriff entzogen. Ob jemand mit größtem Vergnügen seine Steuern zahlt oder mit innerem Widerwillen, der Staat kann nur auf die Einhaltung der Zahlungsverpflichtungen drängen; er kann nicht verfügen, daß die Steuern heiteren Gemütes gezahlt werden müßten. Im Bereich der Religion ist dies anders. Dort spielen Gesinnung und innere Einstellung eine wesentliche, ja *die* entscheidende Rolle. Gottes Anspruch an den Menschen richtet sich nicht auf äußere Pflichterfüllung, sondern auf die innere Zustimmung des Menschen. Ihren kühnsten Ausdruck verschafft sich diese Erwartung in dem Gebot, der Mensch solle Gott lieben. Der umfassende Anspruch Gottes an den Menschen wird auch in den Zehn Geboten deutlich, wenn dort im 9. und 10. Gebot tatsächlich Gedankensünden angesprochen werden. Mit der Aufforderung „Du sollst nicht begehren deines Nächsten Frau“ und „deines Nächsten Hab und Gut“ soll nicht nur der Angriff auf das Eigentum des Mitmenschen schon in seinem gedanklichen Keim erstickt werden. Das Gebot zielt auf die Eindämmung des Egoismus, der sich in ständigen und vielfältigen Wünschen manifestiert. Es ist ebenso gerichtet gegen die immer mehr ausufernde Raffsucht der Reichen wie gegen den verzehrenden Neid der Besitzlosen. Im Neuen Testament hat Jesus die Gier nach Besitz bei Arm und Reich gleichermaßen verworfen. Und in der Tat sind Neid, Habsucht und Egoismus für Arme und Reiche ständige Gefahr und können zu Götzen werden, um die alles Sinnen und Trachten des Menschen kreist, so daß der Mensch schließlich dem verfällt, wovor schon das 1. Gebot ihn bewahren will: der Fremdbestimmung durch Götzendienst an Wirtschaft und Wohlstand. Lenkt der Mensch sein Sinnen und Trachten tatsächlich nur noch auf Erwerbssteigerung und Wachstum seines eigenen Wohlstandes, so schreitet auch die Verkrampfung in Selbstsucht fort und die Fähigkeit zur vielgepriesenen Mitmenschlichkeit verkümmert. Dies aber bedeutet: Preisgabe der kostbarsten Fähigkeit, die der Mensch besitzt: seiner Hinwendung zum Du. Alle Bemühungen des Menschen, sich einen Himmel auf Erden zu schaffen, sind ohne Erfolg geblieben, zumindest, was die Menschheit im ganzen angeht. Wollen wir vermeiden, daß unsere Erde zur Hölle wird, so müssen wir Halt machen vor dem schamlosen Zugriff auf unseres Nächsten Hab und Gut. Es hat lange gedauert, bis wir bemerkt haben, daß dies auch bedeuten kann, Reserven und Lebensraum der künftigen Generationen nicht wegzunehmen. Auch das 10. Gebot eröffnet neue Perspektiven und ist ein Stop-Schild, das nicht ohne Lebensgefahr mißachtet werden kann.

Was die Kirchen in ihrer Grundwerteerklärung gesagt haben, scheint sehr einleuchtend und hat an Aktualität nichts verloren. „In den Zehn Geboten sind Maßstäbe einer menschenwürdigen Gesellschaft enthalten, die wegweisend auch für die heutige Zeit sind.“ Die Verkündigung der Zehn Gebote ist nicht eine Einengung menschlicher Freiheit, sie stellen vielmehr den Raum dar, in welchem der Mensch Geborgenheit und Schutz finden soll.

Haben wir wirklich nichts mehr zu beichten?

Vom Schutt in den Hinterhöfen unserer Seele

1. Rücksichtslosigkeit

Eigentlich jedesmal, wenn ich mit meinem Auto eine größere Strecke fahre, erlebe ich das aufs neue: Man hat zwei dicke Brummis vor sich, die man gerne überholen möchte. Wie sich's gehört, schaut man in den Rückspiegel. Die linke Spur ist frei, also gibt man Gas und beschleunigt. Man ist am hinteren Wagen vorbei, möchte aber auch den vorderen noch überholen. Und nun sieht man in seinem Rückspiegel einen Wagen auftauchen, der schon in ein paar hundert Metern Entfernung seine Lichthupe betätigt, um mir zu signalisieren, daß ich zu verschwinden hätte. Dies aber geht nur, wenn ich bremse und mich zwischen die beiden Lastwagen quetsche. Mir ist das zu gefährlich, und nun ist er dicht hinter mir, ich höre ihn hupen und sehe im Rückspiegel wie er mit den Händen auf- und niederfuchtelt. „Ein rücksichtsloser Kerl" murmelt man vor sich hin oder sagt es zu seinem Beifahrer.

Rücksichtslosigkeit, wie oft begegnet sie uns an jedem Tag! *Auch* im Straßenverkehr, aber keineswegs nur dort. Kürzlich beobachtete ich zwei Herren, die neben mir in der hintersten Ecke eines Restaurants saßen. Beide bestellten ein Bier, einer wollte einen Schnaps dazu. Die Kellnerin fragte den anderen: „Sie auch?" Er verneinte. Als sie dann zweimal quer durch das Restaurant gelaufen war und das Bier und den Schnaps brachte, fiel dem zweiten Herrn ein: „Och, bringen sie mir doch auch einen." „Gerne", sagte sie, aber gedacht hat sie sicher dasselbe wie ich: eine Rücksichtslosigkeit.

Wenn andere sich Rücksichtslosigkeiten leisten, fällt uns das natürlich auf; am meisten, wenn wir selbst davon betroffen sind. Aber wie oft macht man sich selbst der Rücksichtlosigkeit schuldig, weil einem die eigenen Interessen oder Gefühle wichtiger sind als die der anderen. Vielleicht auch aus Härte oder Grobheit. Die Ausrede, daß es sich meist nur um Gedankenlosigkeit handelt, möchte ich nicht gelten lassen. Der Rücksichtslose – auch wenn ich selbst es bin – denkt schon: aber eben nur an sich selbst. Rücksichtslosigkeit ist immer ein Stück Egoismus. Und deshalb ist sie zutiefst unchristlich. Gefragt, was denn das Christentum vor allem von uns verlange, geben wir ohne Zögern zur Antwort: Nächstenliebe. Und das ist richtig. Jesus selber hat so geantwortet als ein Schriftgelehrter wissen wollte, welches das erste aller Gebote sei, Jesus erwiderte: „Das erste ist: Höre Israel! Der Herr, unser Gott, ist einzig der Herr, und du sollst lieben den Herrn, deinen Gott, aus deinem ganzen Herzen und aus deiner ganzen Seele und aus Deinem ganzen Gemüte, und aus all deiner Kraft. Das ist das erste Gebot. Das zweite ist diesem gleich. Es lautet: Du sollst deinen Nächsten lieben wie dich selbst. Ein wichtigeres Gebot als dieses gibt es nicht" (Mk 12,29ff).

Wenn es um die Nächstenliebe geht, so verschaffen wir uns gerne und schnell ein Alibi durch Spenden, die wir denen zukommen lassen, die in Not sind. Aber es ist uns aufgegeben den Nächsten zu lieben „wie sich selbst". Dies aber nun heißt, daß wir an den Nächsten denken sollen so wie wir an uns denken. Jeder von uns hat einen ganzen Katalog persönlicher Interessen und wir sind sehr darauf bedacht, unsere Rechte zu wahren. Vielerlei Organisationen und Interessen-Verbände sollen uns dabei helfen.

Wir haben ein sehr schönes Wort in unserer Sprache, das wir gelegentlich gebrauchen, wenn wir einen anderen, der etwas falsch gemacht hat, vor der Borniertheit der allzu Gerechten in Schutz nehmen wollen. Wir sagen: „Man muß sich in diesen Menschen und seine Situation einmal hineindenken." Wahrscheinlich gäbe es dann weniger Rücksichtslosigkeit und wir wären bessere Christen, wenn wir uns häufiger in andere hineindenken würden. Dann würden wir andere eher lieben – so wie uns selbst. Und bei uns selbst haben wir doch sehr viel Nachsicht, Verständnis und vor allem: eine Menge Entschuldigungen.

2. Mißtrauen

Eine Frau saß vor mir und sagte mir „Ich habe gar nicht gemerkt, wie kaputt unsere Ehe ist. Jetzt weiß ich's!" Ich habe nur genickt und nichts gesagt. Ich habe sie reden lassen; sie wollte das auch. Sie erzählte, daß sie mehr und mehr bemerkt habe wie ihr Mann dem Gespräch mit ihr aus dem Weg gegangen sei. Er habe sich vergraben in seiner Arbeit oder sei auf den Tennisplatz geflohen. Auch gemeinsame Urlaube wollte er nicht mehr. Man habe sich auseinandergelebt. In der Tat ist das ein vernichtendes Urteil über eine Ehe, wenn zwei Menschen, die sich einmal versprochen haben, das Leben miteinander zu leben, sich nun auseinandergelebt haben. Dann möchte jeder seine eigenen Wege gehen. Und je länger man es tut, desto mehr führen sie fort vom gemeinsamen Lebensweg. Die Frau erzählte weiter, daß sie ihren Mann in letzter Zeit beobachten ließ, und sie habe sogar ein Photo, wo er vor einem Haus mit einer anderen Frau fotografiert worden sei.

Ich wußte damals nicht, wie es weitergehen würde mit dieser Ehe. Aber eines kam mir sogleich in den Sinn und ich habe es auch gesagt: „Es wäre besser, Sie hätten ihren Mann mehr beachtet – statt beobachtet." Wenn zwei Menschen die Liebe zueinander entdecken, dann haben sie das Gefühl, einander zu verstehen. Und was noch viel wichtiger ist – einander zu vertrauen. Wenn einer meint, er müsse sich für eine Dummheit beim anderen entschuldigen, dann sagt ihm der Partner ganz schnell und ganz gerne: „Ach was, ich verstehe dich doch ..." Aber merkwürdig, nach vielen Jahren des Zusammenseins, wenn doch einer den anderen wirklich besser verstehen könnte, weil er besser weiß, wie der andere auch seelisch konstruiert ist, wird dieses großzügige „Ich verstehe dich doch" immer seltener. Die Psychologen werden darüber ihre Theorien haben. Ich glaube, es hat zu tun mit der Liebe. Liebe ist ein sehr vielschichtiges Wort. Gefühl ist eine Komponente der Liebe. Verstand und Vernunft müßten die zweite sein. Sonst geht es schief mit der Liebe.

Einer der schönsten Texte der Weltliteratur über die Liebe ist das sogenannte „Hohelied der Liebe“, ein Text aus dem 1. Korintherbrief des heiligen Paulus. Dort heißt es: „Die Liebe ist langmütig, gütig ist die Liebe; sie ist nicht eifersüchtig, nicht prahlerisch, nicht aufgeblasen. Sie verletzt nicht den Anstand, sucht nicht den eigenen Vorteil, läßt sich nicht erbittern, trägt das Böse nicht nach. Nicht freut sie sich über das Unrecht, aber sie freut sich mit der Wahrheit. Alles entschuldigt sie, alles glaubt sie, alles hofft sie, alles übersteht sie. Die Liebe hat niemals ein Ende“ (1 Kor 13,4–8)!

Wenn eine Ehe gerettet werden soll, dann muß man die Partner fragen, ob sie bereit sind, zu solcher Liebe zurückzukehren, die nun nicht mehr von bloßen Gefühlen, sondern von einem wirklichen menschlichen Wollen bestimmt ist. Das ist nicht leicht, denn es ist einfacher, den eigenen Vorteil zu suchen, sich über den andern zu erbittern und ihm seine Fehler nachzutragen als sich zu entschuldigen. Noch schwerer ist es, sich mit der Wahrheit zu freuen. Die Bestätigung eigener Vorurteile ist oft angenehmer als die Wahrheit, die ja auch eigene Fehler offenlegen kann. Aber wenn es um reife Liebe geht, die ein neues Fundament für eine Ehe schaffen soll, dann muß sie zunächst entschuldigen und vergeben. Und dann muß sie zu einem Glaubensbekenntnis aneinander führen: Ich glaube dir. Ich hoffe auf eine gemeinsame Zukunft. Und alles werden wir überstehen! Und irgendwann muß man sich auch das noch einmal sagen, was man sich ganz im Anfang schon einmal versprochen hat: Die Liebe hat niemals ein Ende.

Viele sagen heute anders: man will es ’mal versuchen, man kann ja ’mal sehen, wir werden’s probieren. Ich finde bis heute ein Wort unseres Papstes sehr beeindruckend, das er 1980 auf dem Butzweiler Hof in Köln gesagt hat: „Die Endgültigkeit der ehelichen Treue, die heute vielen nicht mehr verständlich erscheinen will, ist ein Ausdruck der unbedingten Würde des Menschen. Man kann nicht nur auf Probe leben, man kann nicht nur auf Probe sterben. Man kann nicht nur auf Probe lieben, nur auf Probe und Zeit einen Menschen annehmen."

3. Selbstgerechtigkeit

Aus der Bibel sind manche Worte in unseren Sprachgebrauch eingegangen. Ich meine nicht Bibelzitate, die der eine oder andere Politiker je nach Bedarf in seine Reden einfließen läßt. Ich meine Begriffe, die aus der Bibel stammen. Von Tohuwabohu reden wir, von himmelschreienden Sünden, von Philistern, von fetten und mageren Jahren, von Staub und Asche. Und wir sagen einem Gesprächspartner, wenn's ernst wird: Bis hierher und nicht weiter. Der erste, der eine Sammlung geflügelter Worte herausgab, Georg Büchmann, sagt zu Beginn seines Werkes: „Die Bibel, das am weitesten verbreitete Buch auf der Welt, hat dank ihres hohen sittlichen und religiösen Gehalts die Sprachen aller Völker in reichem Maße befruchtet und mit volkstümlichen Ausdrücken getränkt." Und dann bringt er 40 Seiten Worte und Redensarten aus der Bibel.

Eines dieser Worte aus der Bibel, das bis heute selbst in Bundestagsreden eine große Rolle spielt, ist das Wort *Pharisäer.* Es ist zum Synonym geworden für Selbstgerechtigkeit und borniertes Besserwissen, für Scheinheiligkeit und Falschheit im Umgang miteinander.

Den Pharisäern, die zur Zeit Jesu gelebt haben, geschieht damit Unrecht. Es waren Menschen, die neben ihrer beruflichen Arbeit mit großem Eifer und Interesse das Studium der Heiligen Schrift betrieben. Als Schriftkenner waren sie beim Volk sehr angesehen und wurden immer wieder um Rat gefragt. So wurden sie zu religiösen Führern des Volkes. In vieler Hinsicht waren sie Erben und Hüter der alttestamentlichen Offenbarung. Und nach der Zerstörung Jerusalems im Jahr 70 waren sie es, die das Judentum und seinen Gottesdienst am Leben hielten. Als eine Gruppe von Menschen, die es bis in Kleinigkeiten der Lebensgestaltung hinein sehr ernst nahm mit der Religion und ihren Forderungen, müßten sie eigentlich von Jesus besonders anerkannt worden sein. Tatsächlich aber zeigt das Neue Testament eine dauernde Auseinandersetzung und Konfrontation Jesu mit den Pharisäern. Was er bei ihnen kritisiert, ist natürlich nicht ihre Frömmigkeit, sondern das, was allzu leicht geschieht, wenn die Frommen sozusagen Buch führen über ihre Frömmigkeit und sich bewußt absetzen von denen, die es mit ihrer Religion nicht so ernst nehmen. Nachdem die Pharisäer sich einen riesigen Katalog von Vorschriften gebastelt hatten, die es genauestens einzuhalten galt, mußten sie fast ihre ganze Kraft und allen Eifer darauf verwenden, diese Vorschriften auch einzuhalten oder sich spitzfindig auszudenken, weshalb man in diesem oder jenem Einzelfall diese oder jene Vorschrift nicht zu beachten habe. Von einer solchen Einstellung ist es nur ein kleiner Schritt bis zur Selbstgerechtigkeit, die sich einstellt, wenn man mit seiner Religion zu Rande gekommen ist. Wer den Slalomlauf durch den Wald religiöser Gesetze und Vorschriften gut und unbeschadet hinter sich gebracht hat, sollte und darf er nicht ein wenig stolz sein?

Zu Beginn der Bergpredigt hat Jesus seine Zuhörer gewarnt vor Selbstgerechtigkeit. Er sagt: „Wenn eure Gerechtigkeit nicht größer sein wird als die der Schriftgelehrten und Pharisäer, so werdet ihr nicht in das Himmelreich kommen." Aus dem Zusammenhang, in dem dieser Satz steht, ergibt sich etwas sehr Wichtiges: In der Bergpredigt geht es Jesus nicht um die Abschaffung des jüdischen Gesetzes, sondern um seine „Erfüllung" in dem Sinn, daß die letzte und eigentliche Weisung der Thora herausgeholt und ihre Forderungen bis in die innerste Gesinnung des Menschen, bis in sein Herz hinein, ausgedehnt wird. Die Absage Jesu richtet sich also an alle, die meinen, es sei genug wenn man seine religiösen Pflichten erfülle. Jesus verlangt mehr: will daß unsere Herzen mit Liebe für andere erfüllt sind. Ansonsten geschieht es sehr schnell, daß wir andere abtun und ihren guten Willen in Zweifel ziehen. Nachdem das Wort „Pharisäer" einen bestimmten Beigeschmack bekommen hat, ist es Ausdruck schlimmster Selbstgerechtigkeit, einen anderen Pharisäer zu nennen.

4. Machtgelüste

Es ist schon eigenartig: der Versuch des Menschen, Macht auszuüben über andere, beginnt im Kleinkinderalter und endet in manchen Fällen erst mit dem Testament. Staunend können wir immer wieder erleben, wie kleine Kinder es versuchen und fertigbringen, sich Erwachsene gefügig zu machen und ihnen ihren Willen aufzudrängen. Und in seinem Testament unternimmt mancher dann seinen letzten Versuch, andere nach seiner Pfeife tanzen zu lassen: Wenn du von meinem Geld profitieren willst, dann hast du gefälligst zu tun, was ich dir vorschreibe. Der Wunsch, andere dem eigenen Willen zu unterwerfen und ihnen vorzuschreiben, was sie zu tun oder zu lassen haben, ist offenbar so alt wie der Mensch. Schon das erste Buch der Bibel mit seiner Geschichte vom Sündenfall zeigt die Lust Adams, des Mannes, am Herrschen und an der Macht über die Frau (Gen 3, 16). Die Geschichte der Menschheit im ganzen ist eine Geschichte der Macht und der Mächte. Wir sprechen von Machtgelüsten, wenn einzelne Menschen oder ganze Völker darauf hinarbeiten, andere zu bloßen Werkzeugen oder Sklaven ihres Willens zu machen und unter die Knute eigener Herrschaft zu bringen. Im 16. Jahrhundert hat der florentinische Historiker und Staatsmann Niccolò Machiavelli als erster in Europa den Gedanken vertreten, die Macht sei Wesen und Selbstzweck des Staates und es sei die eigentümliche und vornehmste Aufgabe des Staates diesen seinen Zweck nach innen und außen zur Geltung zu bringen. Aus solchen Ansätzen hat sich später die Idee des totalitären Staates entwickelt, der in alle Bereiche menschlichen Lebens hineinregieren will, um sie nach den Vorstellungen der politischen Machthaber zu ordnen. Wir wissen, daß bis auf den heutigen Tag ein Großteil der Menschen im Machtbereich totalitärer Staaten leben muß. Im 1. Artikel unseres Grundgesetzes wird die Macht des Staates begrenzt durch die Verpflichtung, die

Würde des Menschen zu achten und zu schützen. Im 2. Artikel des Grundgesetzes wird als 1. aller Grundrechte das Recht auf die freie Entfaltung seiner Persönlichkeit genannt, das nur begrenzt ist durch die Rechte anderer, die Verfassung selbst und das Sittengesetz. Nun ist dort, wo ein Staat ein möglichst hohes Maß an Freiheit gewährt, immer die Gefahr gegeben, daß einige diese Freiheit mißbrauchen und ohne Rücksicht auf andere handeln.

Aber es ist gefährlich, wenn man schnell nach dem ordnenden oder gar machtvollen Eingreifen des Staates ruft, sobald sich Mitbürger zu Wort melden oder demonstrieren, die etwas anderes wollen als man selbst. Nach allem, was wir in unserer eigenen Geschichte erlebt haben, sollte die Macht die Grenzen des strikt Notwendigen niemals überschreiten.

In der Bergpredigt (Mt 5,4) hat Jesus seinen Zuhörern gesagt: „Selig sind die Sanftmütigen, denn sie werden das Land gewinnen." Der Moraltheologe Bernhard Häring nennt diese Stelle die „Seligpreisung jener, die in der scheinbaren Machtlosigkeit gewaltfreien Handelns den Teufelskreis blinder Gewalt und Macht sprengen". Hier werden die Täter gewaltfreier Liebe seliggepriesen, die sogar die Mächtigen und Gewalttäter zu einem sinnvollen Gebrauch der irdischen Macht befreien und bekehren können.

Ob wir zu denen gehören, die hier seliggepriesen werden, hängt ab von unserer Bereitschaft, unsere Machtgelüste schon in den vielen kleinen Gelegenheiten des Alltags zu zügeln. Sind es nicht schon Machtgelüste wenn wir bei mancher Gelegenheit schnell nach dem Staat rufen, damit er's richte, wie wir es gerne hätten? Und wie oft kündigt sich Machtausübung über andere an mit den Floskeln: „Dem werd' ich's noch zeigen!" – „Du wirst mich noch kennenlernen!" Wenn die Supermächte sich mit ihrem Wettrüsten gegenseitig Angst einjagen und Außenpolitik mit einem drohenden Zur-Schau-Stellen der eigenen Übermacht betreiben, dann erklären wir es für unvernünftig und beschwören den Friedenswillen der

Staatsmänner. Anfangen müssen wir bei uns selbst. Wie soll denn die Menschheit zu einem vernünftigen Gebrauch der Macht finden, wenn nicht der einzelne sich um die Erlösung und Befreiung von der Machtgier bemüht?

5. Habgier und Geiz

Es gibt ein deutsches Sprichwort, das in der denkbar knappsten Weise den Geizigen charakterisiert. Es lautet: „Er hat nur zwei Hände, eine zum Nehmen, eine zum Behalten. Die zum Geben fehlt." Diese Haltung des Geizes offenbart sehr viel über die Grundeinstellung eines Menschen. Wer geizig ist, versucht festzuhalten, was er erworben hat. Was ihn dazu bewegt, sind meist mehrere Gründe: Bei älteren Menschen hat der Geiz seine Ursache oft in der Sorge, das Ersparte könnte vielleicht nicht ausreichen, und da die Einnahmen geringer sind als früher, müsse man genau überlegen, welche Ausgabe man machen wollte. Sorge, man könnte eines Tages nicht mehr genug haben, um leben zu können, motiviert aber auch schon manchen jüngeren zu ängstlichem Festhalten seiner Groschen. Solange es sich um ein vernünftiges Planen handelt, wird niemand von Geiz sprechen, denn die Fürsorge für das eigene Alter und für Notfälle, die eintreten können, ist ein Gebot des Verantwortungsbewußtseins. Bei genauerem Zusehen wird man allerdings erkennen, daß Geiz manchmal auf etwas ganz anderes zurückgeht: auf Egoismus und vielleicht sogar Menschenverachtung. Wo solcher Geiz sich des Menschen bemächtigt, kann man Sätze hören wie diese: „Was gehen mich die anderen an; ich muß sehen, daß ich selbst zurechtkomme." Oder: „Mir gibt auch niemand etwas – und ich hab' auch nichts zu verschenken." Dabei ist leicht zu bemerken, daß nicht die von Geiz befallen werden, die nur wenig haben und deshalb ihren kleinen Besitz zusammenhalten müssen. Schon der grimmige Philosoph Arthur Schopenhauer hat in seinen Aphorismen zur Lebensweisheit geschrieben. „Der Reichtum gleicht dem Seewasser: Je mehr man davon trinkt, desto durstiger wird man."

In zwei Weltkriegen haben viele die Erfahrung machen müssen, daß unser Besitz auf Erden schnell zerrinnen kann. Und daß unser Totenhemd keine Taschen hat, wissen wir auch. Wo dennoch Geiz und Habgier den Menschen gefangennehmen, geht etwas von dem verloren, was uns besonders auszeichnen sollte. Nennen wir es Souveränität im Umgang mit den Dingen der Welt oder Freiheit. Wo die Habgier den Menschen erst einmal befallen hat, wird er zunehmend unfähiger, die wirklichen Aufgaben heutiger und zukünftiger Weltgestaltung zu lösen. Carl Friedrich von Weizsäcker und andere haben eindringlich darauf hingewiesen, daß wir uns um eine neue Bewußtseinsstufe der Menschheit bemühen müssen, die auf gefährdenden Überfluß zu verzichten lernt. Während ein Teil der Menscheit zu befreien ist von seiner Armut und seinem Elend, geht es bei uns eher um eine Befreiung von unserem Reichtum und dem allemal überfließenden Wohlstand. Der Theologe Johann Baptist Metz schreibt: „Es geht nicht um eine Befreiung von unseren Mängeln, sondern von unserem Konsum, in dem wir am Ende uns selbst konsumieren.“ In diesem Sinne wird im Neuen Testament Armut als ein Geschenk des Geistes und als Zeichen des kommenden Gottesreiches seliggepriesen. Sie ist Befreiung von der Habsucht, die im Kolosserbrief des heiligen Paulus als Götzendienst bezeichnet wird (Kol 3,5). Im 1. Brief an seinen Schüler Thimoteus nennt Paulus den Geiz als Wurzel allen Übels.

Immer wieder hat Jesus deshalb seine Jünger vor der Habsucht gewarnt. Bei Lukas heißt es: „Gebt acht und hütet euch vor der Habsucht! Wenn einer noch so viel besitzt, so ist ihm doch durch solchen Besitz sein Leben nicht gesichert.“ Und dann erzählt Jesus das Gleichnis von einem reichen Mann, der nach einer besonders guten Ernte neue große Scheunen baut und meint, nun habe er ausgesorgt für viele Jahre und könne seinen Wohlstand genießen und sich's wohlsein lassen. Gott aber sprach zu ihm: „Du Narr, in dieser Nacht fordert man deine Seele von dir ab. Was du aufgespeichert hast, wem wird es gehören? So geht es dem, der Schätze aufhäuft, aber nicht reich ist bei Gott“ (Lk 12,15–21).

Ich glaube schon, daß wir von Zeit zu Zeit über unsere

Einstellung zu den Dingen dieser Welt und zu unserem Besitz nachdenken sollten. Der Vater im Himmel weiß, wessen wir bedürfen. Und sein Sohn mahnt auch uns: Suchet zuerst das Reich Gottes und seine Gerechtigkeit und alles andere wird euch hinzugegeben werden (Lk 14, 30 f).

6. Schimpfworte

Im 5. Kapitel des Matthäusevangeliums, der sogenannten Bergpredigt, stellt Jesus der überkommenen Lehre des Judentums seine eigenen Forderungen gegenüber. Jüdische Neutestamentler haben darauf aufmerksam gemacht, daß Jesus sich damit nicht vom Judentum absetzen wollte. Er habe vielmehr der Verflachung des Gesetzes durch gewisse Schulen der Pharisäer die Urabsicht des Gesetzes gegenübergestellt, um zu zeigen, daß die Liebe die Erfüllung des Gesetzes sei (Röm 13,10; Gal 5,14). Jesus beginnt seine Gegenüberstellungen von alt und neu mit dem Satz: „Ihr habt gehört, daß zu den Alten gesagt worden ist: Du sollst nicht töten. Wer aber tötet, soll dem Gericht verfallen sein. Ich aber sage euch: Jeder, der seinem Bruder zürnt, soll dem Gericht verfallen sein. Wer aber seinen Bruder beschimpft, soll vor den Hohen Rat kommen. Wer ihn aber verächtlich macht, soll der Feuerhölle schuldig sein." Jesus will das Gesetz des Mose nicht aufheben, aber er geht mit seinen Moralansprüchen darüber hinaus. Das Gebot wird überschritten, indem der Sachverhalt auf seinen Ursprung zurückgeführt wird: auf das Herz. Dort rücken Mord und Zorn zusammen, denn ich gehe dem anderen nicht erst ans Leben, wenn ich ihn töte, sondern schon dann, wenn ich ihm im Zorn die Gemeinschaft aufkündige. Der Limburger Bischof Franz Kamphaus hat in einem Buch mit dem Titel „Was dir zum Frieden dient" eine Reihe von Redensarten unserer Alltagssprache angeführt, die eine – wie er es nennt – mörderische Einstellung zum Leben offenbaren: So sprechen wir davon, daß wir jemanden erledigen, fertigmachen, abschießen, kaltstellen, kaputtmachen. Wir sagen: „Der ist für mich gestorben", „den kann ich auf den Tod nicht leiden", „den werde ich schon kleinkriegen." Bei jedem Mittagessen in einer Firmen-Kantine ließe sich die Sammlung solcher Ausdrücke schnell vervollständigen. Und in jeder Firma gibt es den Kollegen, von dem die anderen sagen, er gehe über Leichen. Was der Bischof dann schreibt, kann jeder von uns aus eigenem Erleben bestätigen: „Schimpfworte sind wie Mordinstrumente. Man kann damit Menschen wie mit giftigen Pfeilen zusammenschießen. Man kann damit die Atmosphäre vergiften. Man kann Schlagwörter wie Schlagwaffen gebrauchen und damit auf den anderen einschlagen." Wären es nur nichtssagende Redensarten, so brauchten wir sie nicht ernst zu nehmen. Aber es trifft zu, was schon Goethe in seinen Maximen und Reflexionen geschrieben hat: „Kein Wort steht still, sondern es rückt immer durch den Gebrauch von seinem anfänglichen Platz, eher hinab als hinauf, eher ins Schlechtere als ins Bessere ..." Wir beteuern bei jeder sich bietenden Gelegenheit, daß wir den Frieden in der Welt ersehnen, und wir erwarten von unseren Politikern, daß sie sich auf der Ebene der Weltmächte um den Frieden bemühen. Aber wie glaubwürdig ist all unser Reden vom Frieden, wenn nicht jeder einzelne sich in seinem Lebensbereich um friedlicheres Miteinander bemüht? Wo Menschen sind, wird es immer Konflikte geben. Die Bewältigung unserer Konflikte müssen wir im Lebensalltag lernen. Wohl jeden Tag geschieht es, daß andere oder wir selbst Fehler machen, aus denen Streit entstehen könnte, wenn nicht einer bereit ist, den ersten Schritt zur Versöhnung zu tun. Es ist gewiß nicht immer leicht, sich dazu zu entschließen. Angst und Stolz hindern uns daran. Aber für Christen gilt das Wort Jesu: „Wenn dir auffällt, daß dein Bruder etwas gegen dich hat ..., dann zögere nicht, gehe auf ihn zu." Wie kann je Friede entstehen in der Welt, wenn du nicht den Mut hast zur Versöhnung? In jedem Vaterunser tun wir so als sei es die selbstverständlichste Sache auf der Welt, daß wir dem anderen vergeben. Wir treten vor Gott als solche, die ihren Schuldigern immer wieder vergeben. Und Jesus hat uns ausdrücklich gesagt, daß es ernst sei damit. Wenn wir einander vergeben haben und aufeinander zugegangen sind, dann erfüllt auch Gott unsere Bitte um Vergebung. *Nur* dann. Auf dem Schulhof beobachte ich immer wieder wie ein Kind, dem ein anderes Kind ein Schimpfwort zugerufen hat, sich sogleich bemüht, ein Wort zu finden, das noch schlimmer ist und den anderen noch mehr trifft und demütigt. Ist es nur bei Kindern so? Es gibt die Nachrüstung mit Worten auch bei uns Erwachsenen. Wenn in der Welt die Waffen schweigen sollen, müssen wir selbst zunächst einmal schweigen statt mit immer neuen Schimpfworten immer neu auf den anderen einzudreschen. Das gilt nicht nur für unsere Parlamente und Wahlveranstaltungen, es gilt auch für unsere Familien und unsere Arbeitsstätten. Und am meisten gilt es für uns Autofahrer, denn wir haben den größten Schimpfwort-Katalog. Sie werden's merken, sobald Ihnen wieder einmal einer die Vorfahrt nimmt.

Wie kann man Gott auf seiner Seite haben?

Was früher Tugend hieß und sich heute Anstand nennt

1. Geduld

„Voranmachen“ nennen wir das, wenn wir zur Eile drängen. „Mach voran“, heißt es schon morgens im Badezimmer und am Frühstückstisch. Der Vater sagt es den Kindern, die Frau ihrem Mann. Wir sagen es nervös vor uns selber hin, wenn es im Verkehr eine Stockung gibt. Wir denken es zumindest und morsen es mit trommelnden Fingern in die Welt, wenn jemand am Fahrkartenschalter vor uns auch noch Auskunft über Anschlüsse haben will. Unsere Zeit ist auf Tempo programmiert, und man muß sehen, daß man zurechtkommt, seine Termine einhält und sein Pensum schafft. Nachrichten müssen in Sekundenschnelle von Ostasien nach Washington übermittelt sein. Ganze Hochhäuser werden in ein paar Monaten gebaut. Wer von Köln nach Flensburg will, schaut im Fahrplan nach, mit welchem Zug das am schnellsten geht. Keine Frage, das Wort Geduld ist uns fast zum Fremdwort geworden. Es hat etwas an sich vom Hauch einer anderen Zeit, einer anderen Welt. *Wir* leben in einer Welt der Ungeduld. Jeder Arzt weiß ein Lied davon zu singen, wie ungehalten seine Patienten reagieren, wenn er ihnen sagen muß, daß ein Heilungsprozeß halt seine Zeit braucht. Man ertappt sich gelegentlich selbst dabei, daß man durch die doppelte Dosis der verordneten Pillen dieser Zeit ein Schnippchen schlagen, den eigenen Körper überlisten möchte. *Geduld* ist uns abhanden gekommen. Gewiß sind auch Umstände daran schuld, die der einzelne nicht zu verantworten hat. Das moderne Leben diktiert uns einiges, was wir beklagen. Aber das Leben ist kein selbstlaufender Mechanismus, sondern – zumindest zu einem guten Teil – auch das Produkt dessen, was wir selber anstellen. Sehr viel Schlimmes in der Welt geschieht, weil wir selber es uns eingebrockt haben. Auch die Ungeduld, mit der wir uns selber und anderen das Leben schwermachen, ist ein Stück eigenen Versagens und eigener Schwäche: Man hastet oft weiter, weil man das Jetzt nicht ertragen kann; wir greifen oft hinein in ein Morgen, weil wir die Probleme unseres Heute nicht meistern können oder wollen. Manche Gespräche an jedem Tag werden abgebrochen mit Hinweis auf den nächsten Termin, weil man *jetzt* die Entscheidung nicht treffen, der erwarteten Antwort aus dem Wege gehen möchte.

Die Ungeduld, die wir bei anderen beklagen, ist letztlich fehlender Glaube: an uns selbst, an die Menschen mit uns und an Gott. Im Evangelium des Matthäus (18,21–35) erzählt Jesus ein Gleichnis, das auch heute recht betroffen macht: Ein Knecht ist bei seinem Chef mit einem Millionenbetrag in die Kreide geraten. Nach orientalischer Praxis soll er ins Gefängnis geworfen werden, weil dann der Familienklan mobilisiert wird und dieser das Geld zusammenbringt, um ihn freizubekommen. Aber das kann eine Weile dauern, und so fleht der Knecht um Gnade. Der Chef läßt sich erweichen von der Bitte: „Hab Geduld mit mir, ich will dir alles bezahlen!“ Man gewährt ihm Gnade – was wir Christen: „Nachlaß, Vergebung und Verzeihung unserer Sünden“ nennen. Kaum zur Bewährung entlassen, verlangt *er* von einem Kollegen, der seinerseits Schulden bei ihm hat, mit erschrekkender Rücksichtslosigkeit sofortige Leistung. Die Geduld, die er selber beansprucht hat, vermag er selbst nicht aufzubringen. Und dies ist unser eigenes tägliches Problem. Wir beanspruchen Geduld für uns, weil wir uns selbst sehr viel guten Willen zuschreiben. An andere zu glauben, fällt uns schon schwerer. Wenn ein anderer, mag es gar Gott selber sein, nicht liefert, was wir erwarten, dann rufen wir: „Typisch, ganz typisch für dich …“ Mein Gott, würdest du immer rufen: Ganz typisch für dich, wie armselig stände ich da, wenn das Versagen eines Augenblickes wirklich typisch wäre für mich!

2. Treue

„Treu sein, nein, nein, das kannst du nicht, wenn auch dein Mund mir wahre Liebe verspricht." So heißt es in einem alten rheinischen Schunkellied. In weinseliger Stimmung möchte man sich hinwegtrösten über ein Stück menschlichen Versagens, das Tag für Tag tiefe Wunden schlägt und manches Glück wie Glas zerbrechen läßt. Beschreibt man Treue nur als Tugend der Beständigkeit in der eigenen Haltung, so müssen wir gestehen, daß diese Tugend fragwürdig geworden ist. Ein Theologe schrieb: „Zu viel Unmenschlichkeit konnte unter Berufung auf den Begriff der Treue und den geleisteten Treue-Eid geschehen." Er findet überdies, daß viele Menschen sich auch heute noch der Auseinandersetzung mit der modernen Welt und ihren Lebensverhältnissen mit dem Vorwand entziehen, sie wollten sich selber treu bleiben.

Mancher nennt Treue, was in Wirklichkeit nur verbissenes Festhalten an einer Überzeugung ist, die man irgendwann einmal gewonnen hat. Mancher auch nennt es Treue, wenn seine Sucht nach Selbstbestätigung es ihm verbietet, sich neuen Einsichten zu stellen und daraus Konsequenzen zu ziehen. Als Treue zu sich selber bezeichnet mancher, was man ehrlicherweise Starrsinn nennen sollte. Mir fällt immer wieder auf, wie oft in Gesprächen angebliche Fragen eingeleitet werden: „Ist es denn nicht wahr, wenn ich ... Sind sie nicht auch der Meinung, daß ... Müssen sie nicht zugeben ...?" Es sind stets Gespräche, die keine sind! Nur ein Garderobenständer soll ich sein, an dem man die Prachtgewänder des eigenen Denkens aufhängen möchte.

Natürlich gibt es viele Gelegenheiten, bei denen ich als Seelsorger Menschen ganz einfach rate, sie sollten durchhalten: in ihrem Glauben an sich selbst, in den augenblicklichen Problemen der Ehe, in den Zweifeln an Gott und der Welt, mit denen sie sich herumschlagen, in ihrem Engagement für eine Sache oder eine Idee. Manchmal bedarf es der Hand eines Freundes, die sich auf die Schulter legt, oder auch nur des ermunternden Lächelns, um Menschen daran zu hindern, wie eine Biene von Blüte zu Blüte zu fliegen: immer auf der Suche nach jenem neuen Honig, den wir Menschen Glück nennen.

Ich sage manchmal ganz einfach: „Halte durch", und ich meine es immer in der dreifachen Dimension der Treue, wie ich sie als Christ verstehe: Bleib' dir selber treu, bleibe dem anderen treu, dem du dein Wort gegeben hast, und bleibe Gott treu, der dich nie verlassen wird. Die Treue Gottes ist ein Schlüsselbegriff in der Religion unserer jüdischen Brüder. In der Heiligen Schrift des Judentums, die wir Christen das Alte Testament nennen, ist der Begriff der Treue die bezeichnende Eigenschaft für Gott. Ihr Gegenteil heißt Unbeständigkeit, Nichtigkeit, Lüge. Der Jude sieht sich seinem Gott nicht als einer launischen Übermacht gegenüber wie viele andere Völker mit antiker Tradition. Er weiß sich einem Gott verbunden, der in unwandelbarer Treue zu seinem Beschluß steht. Mit diesem Bundesschluß hat Er ein Volk zu sich gerufen und Er bleibt dabei. Auch das Leben des einzelnen gewinnt dadurch Würde und Richtung. Wenn man die Heilige Schrift der Juden liest, so laufen selbst die skurrilsten menschlichen Geschichten auf die Mitteilung hinaus, daß Gott den Menschen, den er liebt, niemals verläßt. Angefangen bei der uns allen geläufigen Geschichte über das Paradies. Sie kündigt an, daß Gott dem Menschen neue Chancen bietet. Und dann geht es weiter mit all den vielen Begebenheiten, wo Menschen einander, sich selbst oder dem lieben Gott davonlaufen wollen: Das ganze Alte Testament ist die Geschichte der Geduld Gottes mit dem Menschen. Die Geschichte der Treue. Oder anders gesagt: die Geschichte einer Liebe. Spontane Verliebtheit ist bekanntlich vergänglich. Wirkliche Liebe hält durch. Treue ist die einzig überzeugende Haltung, in der sich Liebe ausdrücken kann.

Wer nicht treu sein kann, hat das Wort Liebe mißverstanden. Liebe und Treue sind verschiedene Worte für eine Aufgabe im Leben: Dem lieben Gott, sich selber und dem anderen zugestehen, daß man nicht alles verstanden hat, was „da war“, aber bitten, daß es weitergehen möge mit dem, wozu man in einer ganz tiefen Falte seines Herzens auch weiter stehen möchte. Zu solchem Entschluß gehören immer zwei. Aber einer könnte ich selbst sein!

3. Ehrlichkeit

Es ist entlarvend, daß Menschen in ihrem alltäglichen Sprachgebrauch immer wieder das Wort „ehrlich“ einstreuen. Fast sieht es so aus, als sei die Unehrlichkeit zur Regel geworden in unserem Zusammenleben mit anderen, so daß es einer besonderen Ankündigung bedarf, wenn wir von dieser Regel abweichen und ausnahmsweise die reine Wahrheit sagen wollen. Es scheint Allgemeingut geworden zu sein, was der Naturwissenschaftler Georg Christoph Lichtenberg vor 200 Jahren einmal sarkastisch bemerkt hat: „Vom Wahrsagen läßt sich wohl leben in der Welt, aber nicht vom Wahrheit sagen.“ Aus einem solchen Satz scheint mehr Lebenserfahrung zu sprechen als aus dem alten Sprichwort „Ehrlich währt am längsten.“ Wir haben sicher alle schon erlebt, daß die eigene Ehrlichkeit von anderen schamlos mißbraucht oder zumindest nicht verstanden wurde. Manchmal aus Bequemlichkeit, manchmal aus Furcht, sehr oft auch um das eigene Ansehen zu wahren, sein Image nicht zu zerkratzen, basteln wir immer wieder an der Wahrheit herum, rücken Tatsachen zurecht und drehen und wenden Worte so herum, daß wir selbst stets in möglichst gutem Licht erscheinen. Was man den Kindern abgewöhnen möchte, feiert bei den Erwachsenen fröhliche Urständ. Manche haben geradezu eine Virtuosität entwickelt, so daherzureden, daß andere sich gar nicht mehr auskennen im Gestrüpp aus Wahrheit, Lüge und Phantasie. Die Folgen erleben wir: wachsendes Mißtrauen unter den Menschen. Wem kann ich noch glauben, wem darf ich vertrauen? Ist es nicht besser, ich offenbare mich niemandem, kapsle mich ab und vertraue allenfalls noch auf die Treue eines Hundes? Auch was dann folgt, erleben wir bereits als erschreckende Krankheit unserer Epoche: wachsende Vereinsamung, an der viele dann zerbrechen. Ich glaube, daß es an der Zeit ist, die Tugend der Ehrlichkeit wiederzuentdecken und einzuüben. Es eilt, so scheint mir.

Nicht auf andere können wir deshalb warten, sondern bei uns selbst müssen wir beginnen. Der Anfang allerdings ist besonders schwer: Das erste nämlich, was wir uns abverlangen müssen ist die Ehrlichkeit vor sich und mit sich selbst. Zu dieser Form der Ehrlichkeit gehört es, sich selbst einzugestehen, wie oft man versagt, wieviel Gutes man ungetan sein läßt. Das Eingeständnis eigener Schwächen wird uns jenen Optimismus nicht rauben, mit dem wir all unseren Fehlern zum Trotz an uns selber glauben. Wir zweifeln nicht daran, daß in uns ein guter Kern steckt. Mag er begraben sein unter allerlei Unzulänglichkeiten, aber vorhanden ist er. Und wir *dürfen* so denken, wenn wir überzeugt sind, daß der Mensch Geschöpf Gottes sei, nach seinem Bild geformt, wenn wir glauben, daß wir durch die Taufe Jesus Christus gleichgestaltet wurden. Was ich für mich beanspruche, muß ich es nicht auch dem anderen Menschen zugestehen? Sollte sein guter Kern es mir nicht gestatten, auch auf seine Ehrlichkeit zu vertrauen? Mag sein, daß bittere Erfahrungen der Vergangenheit mir den Weg zum anderen Menschen versperren wollen. Aber solche Urteile, die wir aus der Vergangenheit mitschleppen, sind Vor-Urteile. Wir müssen sie überwinden, wenn wir der Ehrlichkeit unter den Menschen zu einer neuen Chance verhelfen wollen. Auch an uns richtet sich die Mahnung des Epheserbriefes (4, 25): „Legt ab die Lüge und redet die Wahrheit ein jeder mit seinem Nächsten. Denn wir sind Glieder untereinander." Den Himmel auf Erden werden wir selbst uns niemals schaffen können, aber es wäre die Hölle auf Erden, wenn das Mißtrauen zwischen den Menschen weiter wächst und uns in die Isolierung treibt. Lassen Sie mich ein Wort von Bernhard Häring ein wenig abwandeln: Kein Weg führt vom Du zum Ich und vom Ich zum Du und Wir, außer über das ehrliche Wort, das die Wahrheit sagt und Liebe unter den Menschen bewirken will.

4. Mut

Nur Mut, sagen wir, wenn wir das Selbstvertrauen eines anderen stärken, seine Kräfte mobilisieren wollen. Mutproben haben wir als Jungen uns selbst und anderen auferlegt, um zu beweisen, daß wir Kerle waren. Ein mutiger Mensch – das klingt nach Anerkennung. Der Mutige ist selbständig im Denken, entschlossen im Handeln, er scheut nicht das Risiko, er schwimmt, wenn's sein muß, auch gegen den Strom. Mut, so beteuern wir, ist eine hohe Tugend, für die es sich anzustrengen lohnt. Und dennoch scheint Mut immer seltener zu werden. Mancher, der seine Erfahrungen im Leben gemacht hat, spricht es offen aus: man komme weiter und habe es leichter, wenn man sich anpasse an gängige Meinungen und das, was heutzutage die Zeit eben fordert. Mut ist niemals bequem, aber Bequemlichkeit und Ruhe sind für viele zu einem Ideal ihres grauen Daseins geworden. Mancher Ärger ist unvermeidbar – schlimm genug. Aber mehr Ärger als nötig – nein, sollen andere sich die Finger schmutzig machen! Aber Mutlosigkeit, dies haben wir im Leben schon oft genug erfahren, läßt den Menschen erlahmen, macht ihn zum Unterlegenen und leitet den Abstieg ein. Es bedarf des Mutes vieler einzelner, wenn wir den Abstieg unserer Kultur, der Menschheit im ganzen und auch unserer Kirchen verhindern wollen. Die Wissenschaftler, die sich mit unserer Zukunft beschäftigen, malen uns längst nicht mehr rosige Zeiten aus, sondern nennen uns immer neue Probleme, die sich in allen Bereichen des Lebens abzeichnen. Die Prognosen, die gestellt werden, sind vielfach düster und lassen ahnen, daß wir es nicht ganz leicht haben werden an der Schwelle zum neuen Jahrtausend. Der Mut, dessen es bedarf, ist gewiß nicht Tollkühnheit, die sich blindlings in ein Abenteuer mit ungewissem Ausgang stürzt. Es muß besonnener Mut sein, der aus der Treue zu Gott und uns selber erwächst und als treibende Kraft die Liebe zu den Menschen hat.

Wenn wir den Ausverkauf christlicher Grundwerte nicht stoppen und weiterhin verramschen, was letztlich die Grundlage menschenwürdigen Zusammenlebens bildet, werden wir eines Tages erneut vor einem Trümmerfeld stehen, größer und trostloser als die Ruinen des vergangenen Krieges. Die Geschichte des Christentums, angefangen bei den Märtyrern der Urkirche über die zahlreichen Reformer des Mittelalters, die ein Abgleiten der Kirche in weltliches Machtgebaren verhindert haben, bis hin zu den vielen Bekennergestalten unseres Jahrhunderts, ist stets eine Geschichte des Mutes gewesen. Mut der Christen erwächst aus dem Glauben, daß nicht Sünde und Versagen, nicht Zynismus und Menschenverachtung das letzte Wort haben, sondern Gott. Dieser Glaube ist ausgedrückt in der Strophe eines Osterliedes, wo es heißt: „Uns schreckt nun nicht des Todes Nacht, vor der die Väter einst erbebet: denn der am Kreuze starb, er lebet und hat das Leben uns gebracht. Und Todesfurcht ist nicht mehr da.“ Solange gläubige Menschen dieses Lied ehrlichen Herzens singen, solange wird es mutige Christen geben. Und jeder Tag gibt uns die Chance, Mut zu beweisen und Resignation zu besiegen. „Nur Mut“! sollten wir manchmal auch uns selber sagen. Dieses Wort eignet sich sogar besser als Abschluß eines Morgengebetes als ein „Amen“.

5. Demut

Würde man es hineinschreiben in das Zeugnis eines Angestellten, die künftige Karriere wäre ihm mit Sicherheit vermasselt: „Er ist ein demütiger Mensch." Demut – in unserem Sprachschatz haben wir das Wort gestrichen; es klingt nach Duckmäusertum, mieser Unterwürfigkeit. Ein demütiger Mensch, das muß ein farbloser Kriecher sein, so meinen viele. Aber sie haben das Wort mit falschem Inhalt verbunden. Im Neuen Testament, wo Demut als die Grundhaltung des Menschen vor Gott charakterisiert wird, hat sie nichts zu tun mit Unterwürfigkeit, wohl mit der Einsicht, daß wir angewiesen sind auf andere und auf Gott.

Im Museum für Geschichte der Religion und des Atheismus in Leningrad, das ich vor 20 Jahren einmal besucht habe, fand ich etwas dargestellt, was mehr oder weniger deutlich formuliert auch bei uns die Meinung mancher Zeitgenossen ist: Der unzivilisierte, primitive Mensch, der immer wieder seine Ohnmacht vor den Kräften der Natur erfährt, glaubt an höhere Wesen, Dämonen, Götter, einen Gott. Der zivilisierte Mensch, der die Naturgesetze verstandesmäßig erfaßt und deshalb die Natur weitgehend in den Griff bekommen hat, braucht keine Götter und keinen Gott. Er vermag – wie er meint – selbst die Welt zu regieren. Die Geschichte zeigt zwar, daß dies nicht stimmt, daß die Selbsterlösung des Menschen ein Märchen ist, aber der Gedanke, daß wir selbst das Leben meistern könnten, hat seit den Tagen des Paradieses immer wieder Anhänger gefunden. Jesus Christus und die Religion, die er gebracht hat, sagen dem Menschen, daß Erlösung von Gott kommt. Im Brief an die Gemeinde in Ephesus spricht Paulus von der Größe der Macht, die Gott an uns hat (Eph 1,19f). Er hat sie – wie es heißt – bewiesen an seinem Sohn Jesus, „indem er ihn von den Toten erweckte und ihn im Himmel zu seiner Rechten sitzen ließ". Die letzte Grenze, die all unserer Großartigkeit gesetzt ist, ist der Tod.

Nicht wir können den Tod überwinden, aber Gott hat ihn überwunden in Jesus Christus. Zu wissen und einzugestehen, daß wir durch Schuld und Schwäche begrenzt sind und daß wir uns nicht selbst in die Brust werfen und unserer Fähigkeiten rühmen können, sondern daß unser Ruhm – wie es ebenfalls bei Paulus steht – das Kreuz Jesu Christi ist, dies letztlich ist die Demut. Aus dieser ersten Einsicht, daß wir Gott brauchen und auf das Wort Jesu angewiesen sind, ergibt sich eine Bescheidenheit auch untereinander. Paulus mahnt seine römische Gemeinde, nicht höher zu denken als sich geziemt, sondern *bescheiden* von sich zu denken. Solche Bescheidenheit kommt aus der Einsicht, daß jeder Mensch des Entgegenkommens Gottes bedarf und seine Hilfe braucht. Irgendwo ist jeder Mensch der ganz Kleine, Hilflose. Und selbst der, den alle Welt bewundert, der große Boß und der Star, die über die Gangway des Flugzeuges hinuntersteigen auf rote Teppiche vor Kameras und Mikrophone, irgendwo sind auch sie der kleine Mensch, irgendwann weinen auch sie. Niemand ist sich selbst genug. Jeder braucht das Verstehen des anderen, seine Hilfe, sein Wohlwollen. Selbstüberheblichkeit setzt voraus, daß man nur sich sieht und kennt. Stolz kann nur der sein, der vergißt oder nicht wahrhaben will, was Gott ständig für uns tut und was andere alles für uns tun. Was ist schon ein Firmenchef, wenn seine Arbeiter ihn im Stich lassen? Was bleibt von aller Großspurigkeit, die manche wie eine Nerzstola um sich tragen, wenn sie im Krankenhaus darauf warten müssen, daß eine Schwester ihnen einen Schluck zu trinken gibt oder eine Tablette gegen die Schmerzen? Was wäre mit uns Menschen, wenn es keinen Gott gäbe, der Sünden vergibt und Leben schenkt – auch nach dem Tode? Wir haben das Beispiel Jesu Christi. Er ist Mensch geworden in alle nur erdenkliche Niedrigkeit und Demut hinein, um uns für alle Zeit vor Augen zu halten, daß menschliche Größe und Demut sich nicht ausschließen. Seit Christus können wir sagen: Je mehr Demut, desto mehr menschliche Größe.

6. Dankbarkeit

Undank, so sagt ein Sprichwort, sei der Welt Lohn. Das klingt nach Resignation. Aber es ist Resignation, die aus Erfahrung resultiert. Immer wieder zeigt sich, wie sehr das bei vielen stimmt. Wir tun uns schwer mit der Dankbarkeit. Es ist schwer zu sagen, welche Form des Undankes die verbreiteste ist. Undank aus Vergeßlichkeit und Gleichgültigkeit ist dort zu finden, wo der Mensch sich vom Leben seines Alltags wegschwemmen läßt. Er empfängt eine Gefälligkeit, eine Gabe, eine Freundlichkeit. Er empfindet es auch im Augenblick sehr nett, daß der andere so zu ihm war. Aber bald schon ist er wieder mit anderen Dingen beschäftigt. Sein Dankeschön war eine Augenblickssache, aus einem momentanen Gefühl geboren, bald verflogen. Es ist nichts zurückgeblieben im Herzen.

Viel übler noch ist Undank aus Stolz. Der Stolze weiß, daß er dem anderen etwas zu verdanken hat. Ohne ihn wäre es mit seinem Leben anders gelaufen. Darüber ist er sich klar, und zwar sehr genau. Er weiß, daß es in seinem Leben einen Augenblick gegeben hat (oder sogar viele), wo er ohne den anderen am Ende gewesen wäre. Und dieses Wissen versetzt ihn in das Gefühl, daß er schwach war, daß der andere – zumindest damals – mehr vermochte als er. Dieser Gedanke ist dem Stolzen unerträglich. Also schiebt er die Erinnerung an das Damals beiseite. Er will vergessen, er vergißt; er kann gar nicht mehr dankbar sein, weil solche Dankbarkeit ihm als Eingeständnis seiner Schwäche erscheint. Der Franzose Diderot hat vor 200 Jahren den Satz geprägt: „Die Dankbarkeit ist eine Last, und jede Last will abgeschüttelt sein."

Eine typisch moderne Form der Undankbarkeit resultiert aus unserem Denken in Rechtsansprüchen. Unser Leben ist durch Recht und Gesetz bis in den letzten Winkel geregelt. Das Recht legt fest, daß ich Ansprüche habe auf dies und das und daß meine Ansprüche für den anderen Verpflichtungen begründen. Ich zahle und habe Anspruch auf Lieferung und Leistung. Der andere nimmt meine Zahlung entgegen und ist somit verpflichtet zu Lieferung und Leistung. Damit ist die Sache juristisch klar. Weshalb noch Danke sagen?

Wer Christ sein will, kann den Verlust der Dankbarkeit nicht mit einem Schulterzucken hinnehmen. In unserer Heiligen Schrift ist Dank das Echo der Heilstaten Gottes. Der Christ sieht überall Gottes Güte, spürt seine Liebe. Deshalb mahnt Paulus seine Gemeinde in Thessaloniki: „Seid dankbar in allen Dingen“ und an seine Gemeinde in Ephesus schreibt er: „Saget Dank allezeit für alles.“ Dankbarkeit ist für Christen nicht ein gelegentliches flüchtiges Gefühl, das man in einer Stunde des Überschwanges empfindet. Sie ist etwas, das durchgängig da ist in unserem Leben: eine Haltung des Charakters oder sagen wir es ruhig: eine Tugend. Wir sind dankbar, wenn es uns aufgeht, daß wir Beschenkte sind: beschenkt von vielen Menschen, die an unserem Leben mitgeformt haben, beschenkt vor allem von Gott selber. Dank, so schrieb ein Theologe, sei die erste Lebensäußerung des Geschöpfes, das begriffen hat, daß es aus Liebe lebt. Wer dankt, schaut auf zum Geber der Gaben, wird von seiner Liebe erreicht und liebt wieder. Er begreift die Gabe als Hingabe und beginnt sie mit Hingabe zu beantworten. So erst schließe sich der Kreis. Es ist Heinrich Spaemann, der dies geschrieben hat. Mit einem Wort von ihm möchte ich diese Betrachtung beschließen: „Nicht danken heißt: nicht wiederlieben. Den Dank für die Erlösung vergessen, heißt sie selbst verlieren. Um diese Gefahr wußte Jesus. Er wußte um die Vergeßlichkeit unseres Herzens: Es können die erhabensten und erschütterndsten Dinge in unserem Leben geschehen sein, eines Tages ist das alles in uns wieder zugedeckt wie mit Wüstensand. Darum hat Jesus Christus in die Mitte unseres Christendaseins sein Gedächtnis hineingestiftet – damit ihr nie vergesset, was meine Liebe tut.“

Sind liebenswerte Menschen selten geworden?

Das Beispiel des Herrn soll Schule machen

1. Die Wahrheit ist ein selten Kraut

Wenn jemand lauthals verkündet, er habe einem anderen die Wahrheit gesagt, so will er keineswegs zum Ausdruck bringen, daß er ihm möglichst sachliche Informationen geliefert habe. Er hat – so wissen wir – einem anderen allerlei Frechheiten ins Gesicht geschleudert und ihm seine Fehler vorgerechnet. Und nun fühlt er sich befreit. Offenbar deshalb, weil er sonst oft Floskeln und Redensarten benutzt, die über seine wahren Gefühle hinwegtäuschen, sein Inneres verbergen und dem anderen die Meinung vermitteln, er sei ein hochgeschätzter Zeitgenosse. Nun aber weiß er, was man von ihm hält. Die Regel also scheint es zu sein, daß man sich verstellt und mit der Wahrheit hinter dem Berge hält. Ich sprach schon davon, daß ein kleines Wort, das seit ein paar Jahren immer häufiger in unserer Alltagssprache auftaucht, in die gleiche Richtung deutet. Mitten in den Redefluß wird plötzlich das Wort „ehrlich" eingestreut. Es scheint, daß es besonderer Ankündigung bedarf, wenn jemand etwas der Wahrheit entsprechend erzählt. Vielleicht biegt er in seinem Bericht vieles zurecht, um es spannend zu machen oder sich selbst in Szene zu setzen. Und nun muß er eigens darauf aufmerksam machen, das Folgende habe sich genauso zugetragen, wie er es nun sagen wird. Und so beginnt er mit einem „Also ehrlich ..." Noch eine dritte Formulierung macht mich zunehmend stutzig. Da werden Behauptungen mit der Scheinfrage eingeleitet: „Ist es denn nicht wahr, daß ...?" Auch hier geht es keineswegs um die Wahrheit, sondern es wird suggeriert, daß ein Tatbestand so sei wie der schwadronierende Redner behauptet. Wenn wir feststellen, daß die Wahrheit selten geworden sei und die Tugend der Wahrhaftigkeit gering geschätzt wird, so ist dies ein Alarmzeichen. Das Zusammenleben jeder Gemeinschaft wird untergraben, wenn einer dem anderen nicht mehr trauen kann, weil Unwahrhaftigkeit und Lüge um sich greifen. Das achte Gebot

„Du sollst nicht falsches Zeugnis reden wider deinen Nächsten" zielte zwar zunächst darauf ab, den freien Israeliten zu einer unparteilichen Rechtswahrung zu verpflichten. Aber es meint mehr: Es geht um die Wahrung eines Vertrauensbereiches und die Achtung der Würde des Menschen, wie sie menschliche Gemeinschaft voraussetzt. Wahrhaftigkeit im Reden und Handeln ist die Voraussetzung, daß Menschen einander vertrauen und im Frieden miteinander leben können. So findet sich das Verbot, die Unwahrheit zu sagen, nicht nur in den Zehn Geboten, sondern auch in den ethischen Forderungen anderer Religionen, zum Beispiel unter den Hauptgeboten des Buddhismus. Mit kompromißloser Schärfe verlangt Jesus in seiner Bergpredigt: „Eure Rede soll sein: Ja, ja; nein, nein; was darüber hinausgeht, ist vom Bösen" (Mt 5,37). Und nach Ausweis des Neuen Testamentes war er selbst ein Mann der unerschrockenen Wahrhaftigkeit, für den es zwischen Reden und Denken, Handeln und Gesinnung keine Differenz gab. Die Autoren des Neuen Testamentes sehen zwischen dem Handeln Gottes in Jesus Christus und menschlicher Wahrhaftigkeit eine tiefe Entsprechung. Immer wieder fordern sie auf, der Wahrheit Raum zu geben. Paulus schreibt an seine Gemeinde in Ephesus: „Legt die Lüge ab, redet die Wahrheit, ein jeder zu seinem Nächsten. Denn wir sind Glieder untereinander. Für ihn ist die Predigt des Evangeliums „Wort der Wahrheit". Und Johannes zitiert die Worte Jesu, in denen er sich selbst die Wahrheit nennt (14,6) und den Teufel als „Vater der Lüge" bezeichnet (8,44).

Aber keine Forderung der christlichen Moral scheint uns schwerer zu fallen als die Wahrhaftigkeit. In der Politik, im Geschäftsleben und selbst im Umgang mit den eigenen Angehörigen wird tagein tagaus das Blaue vom Himmel heruntergelogen. Auch dann, wenn der seinerseits im Lügen bestens geübte Partner auf Anhieb merkt, daß man ihm nicht die Wahrheit sagt. Der geistreiche Franzose Vauvenargues hat schon im 18. Jahrhundert festgestellt: „Nur wenige Menschen sind stark genug, um die Wahrheit zu sagen und die Wahrheit zu hören." Wahrscheinlich werden wir uns ganz bewußt darin üben müssen, selbst die Wahrheit zu hören und hinzunehmen. Gelingt dies nicht, wird unsere Welt immer verlogener.

2. Edel sei der Mensch ...

Als es noch üblich war, in der Schule Gedichte zu lernen, gehörte zum unverzichtbaren Pensum ein Gedicht von Johann Wolfgang von Goethe, das die Überschrift trägt: Das Göttliche. Die erste Strophe lautet: „Edel sei der Mensch,/ hilfreich und gut;/ denn das allein/ unterscheidet ihn/ von allen Wesen,/ die wir kennen.“ Das Wort edel benutzen wir auch heute noch. Wir sprechen von edlen Pferden, edlem Prozellan, und wir bezeichnen einen köstlichen Wein als edlen Tropfen. Aber von edlen Menschen sprechen wir kaum. Kein Chef würde es in das Zeugnis für einen Mitarbeiter schreiben. Dort werden andere Eigenschaften aufgezählt, die ihn als qualifizierte Kraft kennzeichnen sollen. Ein edler Mensch zu sein galt jahrhundertelang als die vornehmste Eigenschaft des Ritters. Mut, Bereitschaft für die gerechte Sache mit Entschlossenheit einzustehen, tapfer einzutreten für den bedrohten Mitmenschen, all dies war eingeschlossen in diesem kleinen Wort edel. Es enthielt sozusagen einen ganzen Katalog von Tugenden und ein Programm für ein Leben. Keineswegs ist solcher Edelmut angeboren; er muß erworben werden in einem sehr harten Training. Ein altes Sprichwort sagt: „Edel sein ist sehr viel mehr als adelig von den Eltern her.“ Und etwas von dieser Erkenntnis spiegelt sich wohl auch in unserer Redensart: etwas sei des „Schweißes der Edlen“ wert.

In der Leipziger katholischen Kirchenzeitung „Tag des Herrn“ fand ich einmal eine Szene aus einem Wildwestfilm beschrieben, die als Beispiel für edles Handeln stehen kann:

Eine der letzten Postkutschen vor dem Bau der Eisenbahn rattert durch die Prärie. Die Fahrgäste sind denkbar unterschiedlich: ein Ehepaar, Goldsucher, Viehhändler, Soldaten, Schmuggler. Neben dem Kutscher fährt ein junger Mann mit. Er lebt unter den Indianern als einer, der zu ihnen gehört. Die Ehefrau in der Kutsche hatte ihn beim letzten Zwischenaufenthalt mit feindseligen und beleidigenden Bemerkungen angegriffen. Er sei ein Abtrünniger, weil er zu den Indianern halte; er schände die weiße Rasse, hatte sie bei jeder Gelegenheit geäußert. Er hatte nicht geantwortet, sondern sich neben den Kutscher gesetzt. Unterwegs wurde die Reisegesellschaft von Banditen überfallen. Die Ehefrau fiel in ihre Hände, alle anderen konnten sich in Sicherheit bringen. Um zu provozieren und weiteres Geld zu erhalten, banden die Gangster die Frau in ihrer Schußlinie am Erdboden fest und forderten die Reisenden auf, einen mit einer Geldsumme dorthin zu senden. Dieser könne dann die Frau losbinden. Andernfalls würde sie in der sengenden Sonne ihrem Schicksal überlassen. Keinem der Reisenden, nicht einmal dem Ehemann, war die Frau den Einsatz ihres Lebens wert. Schließlich ging der, den sie so beleidigt hatte und den sie sicher am wenigsten als ihren Befreier erwartet und sich gewünscht haben würde, band sie los und fiel unter den Kugeln der Banditen. „Ich kann nicht mehr so wie vorher an ihn denken!" lautete ihre schmerzlich empfundene Einsicht.

Der Schreiber des Artikels sah in dieser Filmszene ein Gleichnis für das, was Christus für uns Menschen getan hat als er – wie es in der Heiligen Schrift heißt – sein Leben hingab als Lösepreis für die vielen. Niemand mehr als Christus verdient das Prädikat des edlen Menschen. Er aber wollte, daß sein Beispiel Schule macht. Sein Wort „Eine größere Liebe hat niemand, als wer sein Leben hingibt für seine Freunde" war keineswegs nur im Blick auf sich selbst gesprochen. Er sagte es als Aufforderung an alle, die zu ihm gehören wollten. Und viele haben ernst gemacht mit diesem Wort. Ein Maximilian Kolbe tat es, indem er 1941 im Konzentrationslager von Auschwitz stellvertretend für einen Familienvater in den Tod ging. Eine Mutter Teresa tut es, indem sie alle Kraft ihres Lebens einsetzt für jene, die von der Gesellschaft vergessen sind. Und mit ihr tun es ungezählte Ordensleute in aller Welt, die nichts anderes mehr wollen als den Armen, den Kranken und den Randexistenzen zu dienen. Es gibt mehr edle Menschen in unserer Welt als man auf Anhieb glauben möchte. Und vielleicht sollten auch wir uns ein wenig mehr darum bemühen, edel zu sein, hilfreich und gut. Jeder Tag gibt uns manche Gelegenheit.

3. Was Recht ist

Schon bei Kindern können wir es beobachten, wie sie sorgsam darauf bedacht sind, ihr Recht zu wahren. Der Beutel Bonbons, den man mitgebracht hat, wird sorgfältig aufgeteilt, damit jeder genau seinen Anteil erhält. Und vielleicht erinnern Sie sich, wie wir in der Schule manchmal einen Trennungsstrich gezogen haben zwischen uns und dem Banknachbar, damit klargestellt war, welches mein und welches sein Territorium war. Protest, wenn ein Stück Papier ins andere Reich hinüberragte! Den „Krieg" haben wir als Achtjährige den Kindern der Augustastraße erklärt, wenn sie eindrangen in Bezirke, die wir von der Wilhelmstraße beanspruchten. Mit verlegenem Lächeln zwar, aber dennoch selbstbewußt halten Erwachsene sich Theaterkarten und Zugbillets unter die Nase, wenn versehentlich ein anderer auf dem reservierten Platz sitzt – auch dann, wenn der Platz nebenan frei ist und man dort sitzen könnte. Im kleinen spiegelt sich, was die Menschheit im großen getan hat. Die Geschichte der Menschheit ist eine Geschichte millionenfacher Abgrenzungen, die festlegen, was dem einzelnen oder den Staaten zusteht. Dabei geht es nicht nur um materiellen Besitz, sondern auch um geistige Güter oder um Möglichkeiten, die dem Menschen zugesichert werden, damit er sich entfalten und ein „menschenwürdiges Leben" führen kann. Im Blick auf die Gegebenheiten unserer Welt wird uns immer deutlicher, daß wir weit entfernt sind von einem Zustand der Gerechtigkeit, in dem Entfaltungsmöglichkeiten und Menschenwürde für alle Menschen sichergestellt wären. Die beiden christlichen Kirchen in Deutschland haben in ihrer 1979 erschienenen gemeinsamen Erklärung über „Grundwerte und Gottes Gebot" jenen sehr bemerkenswerten Satz geschrieben, den ich hier noch einmal zitieren möchte: Sie schlagen vor, das 5. Gebot für die heutige Zeit in die Forderung zusammenzufassen: „Du sollst nicht zu deinem Vorteil auf Kosten deiner Mitmenschen leben." So werde deutlich, daß im 5. Gebot eine fundamentale Kritik an einer Lebenseinstellung enthalten sei, die nur noch am eigenen Nutzen und Vorteil orientiert ist und bei Verteilungskämpfen andere Menschen ausnützen und ausbeuten will. Das 5. Gebot schließe den Auftrag ein, *Solidarität* und soziale Verantwortung zu üben. In der Fassung des Bürgerlichen Gesetzbuches von 1896 wurde über das Eigentum gesagt (§ 903): „Der Eigentümer einer Sache kann, soweit nicht das Gesetz oder Rechte Dritter entgegenstehen, mit der Sache nach Belieben verfahren und andere von jeder Einwirkung ausschließen." Dieser aus dem Liberalismus stammende, individualistische Eigentumsbegriff, der die verhängnisvolle Klassenspaltung begründete, läßt nichts mehr spüren von der Sozialpflichtigkeit allen Eigentums. „Aus dem Eigentum, das die Menschen untereinander verbinden und das Gemeinwohl fördern soll", so resümiert ein Theologe unserer Tage (Anton Rauscher), „ist ein reines Abgrenzungsrecht geworden, das nur noch dem Inhaber dient." Christliches Denken steht diesem individualistischen Eigentumsbegriff entgegen.

Schon die Kirchenväter, später dann die mittelalterlichen Theologen und noch deutlicher die christliche Soziallehre der neueren Zeit haben sehr entschieden den Grundsatz von der gemeinsamen Bestimmung der Erdengüter für *alle* Menschen betont. Die Aussage, daß alles Eigentum eine soziale Pflicht begründe, führt zu der Forderung, daß Eigentum dem Mitmenschen und dem Gemeinwohl zu dienen habe. Sie ist übrigens auch eingegangen in unser Grundgesetz, wo es in Artikel 14 (Abs. 2) heißt: „Eigentum verpflichtet. Sein Gebrauch soll zugleich dem Wohl der Allgemeinheit dienen."

Ich halte es für ein hoffnungsvolles Zeichen unserer Zeit, daß sehr viele junge Menschen die Tragödie unserer Welt sehr viel deutlicher wahrnehmen als mancher Ältere, der nach Jahren der Entbehrung in Krieg und Nachkriegszeit seine Kraft in Aufbau und Sicherung des eigenen, abgegrenzten Wohlstandes gesteckt hat. Viele junge Menschen leiden an den Situationen, deren Ungerechtigkeit zum Himmel schreit. Sie wissen, daß es ganze Völker gibt „die Mangel am Notwendigsten leiden, unter fremder Herrschaft gehindert werden, irgend etwas aus eigener Initiative zu unternehmen, zu höherer Bildung aufzusteigen, am sozialen und politischen Leben teilzunehmen“ (vgl. Enzyklika Populorum Progressio, Nr. 30f). Ich ermutige diese jungen Menschen, unser Gewissen wachzurütteln. Werdet nicht müde, uns zu fragen, was schon Johannes seine Gemeinde fragte (1 Joh 3, 17): „Wenn jemand Vermögen hat und sein Herz vor dem Bruder verschließt, den er in Not sieht, wie kann die Gottesliebe in ihm bleiben?“

4. Lauterkeit

Daß Rauchen gesund sei, nicht einmal die Raucher wagen dies zu behaupten. Man weiß genug über die Schäden des Rauchens. Aber merkwürdig, von chemischen Schadstoffen, die unser Leben bedrohen, wissen wir offenbar mehr als von den geistigen Giften, die die Atmosphäre des Zusammenlebens verseuchen. So kann es geschehen, daß jemand von sich selber sagt, er besitze ein „gesundes Mißtrauen" anderen Menschen gegenüber. Und man nimmt es ihm ab, hält es gar für ein Stück reifer Lebenserfahrung. Er wird sich – so vermuten wir – oft genug getäuscht haben, wird hereingefallen sein auf Worte und Versprechungen. Nun ist er voll Argwohn, wittert Böses hinter jedem Lächeln, vermutet den Dolch in jeder Falte des Gewandes. Die Folge solchen Mißtrauens ist stets, daß der einzelne sich verkapselt, Abstand hält von anderen und letztlich in eine Isolation gerät. Es ist eine schlimme Verharmlosung, von „gesundem Mißtrauen" zu sprechen. Das Mißtrauen ist ein Bazillus, der sich schnell ausbreiten kann zu einer Krankheit der Gesellschaft. Einer der Gründe, weshalb das Leben in totalitären Staaten so schwer erträglich ist, liegt sicher darin, daß Mißtrauen dort systematisch geschürt wird. Es wird zu einem Mittel staatlicher Einschüchterung. Wenn einer dem anderen mißtraut, braucht der Staatsapparat weniger zu fürchten, die Bürger könnten sich gegen ihn solidarisieren. Wo Mißtrauen herrscht, wird sich die Gemeinsamkeit der Gegnerschaft nicht bilden. Aber es bildet sich auch nicht wirkliche Gemeinschaft unter den Menschen. Im Gegenteil: Gemeinschaft zerbricht, sobald ihre Mitglieder die Giftgase des Mißtrauens eingeatmet haben.

Ein Beispiel dafür las ich im Ostberliner St. Hedwigsblatt in einem Artikel von Heinrich Spaemann. Er berichtete von einem Diebstahl, der in einem Haus vorgekommen war, in dem Behinderte und Gesunde gemeinsam leben. Einem

Hausbewohner war ein Geldbetrag entwendet worden, den er leichtsinnigerweise in einer Rocktasche verwahrt hatte. In einem solchen Falle bildet sich leicht ein Verdacht, der sich gegen einen bestimmten Menschen richtet, dem man so etwas eben zutraut, weil er ohnehin nicht sehr sympathisch ist. Aber weil es keinen richtigen Anhaltspunkt gibt, wandert der Verdacht weiter. Und so war es auch hier: argwöhnische Gedanken, die sich bald auf diesen, bald auf jenen richteten, nisteten sich in der Atmosphäre ein. „Wie ein Sauerteig des Bösen, der sich mit erstaunlicher Schnelligkeit entwickelte", sagt der Verfasser. Der Schaden für das Leben der Gemeinschaft war bald größer als die materielle Einbuße, die auf dem Spiel stand. Nach einigen Tagen lichtete sich endlich der Nebel der Verdächtigungen. Der Geldbetrag, der vermißt wurde, lag in einem Umschlag auf dem Tisch des Heimleiters. Durch einen Zufall stellte sich später heraus, daß gar nicht der Dieb, sondern ein in sehr ärmlichen Verhältnissen lebender Hausbewohner das Geld beigebracht hatte. Ihm war sein bißchen Erspartes nicht zu schade, um endlich den Verdächtigungen ein Ende zu machen, die Sache aus der Welt zu schaffen, damit die Luft wieder rein würde.

Statt von „gesundem Mißtrauen" zu sprechen, sollten wir nach Möglichkeiten suchen, Mißtrauen abzubauen. Auch uns sollte klar sein, daß aus dem Boden des Mißtrauens immer mehr giftige Pilze herauswachsen, an denen sich immer mehr Menschen den Magen verderben. Überwindung des Mißtrauens setzt voraus, daß wir in unseren Herzen gründlichen Hausputz halten und jene krummen Gedanken hinausfegen, die uns ablenken von der Erkenntnis des Guten im anderen Menschen. Lauterkeit nannte man es früher, wenn ein Mensch in seinem Denken geradewegs das Gute ansteuerte. Der Begriff ist aus unserer Alltagssprache fast verschwunden. Ich befürchte, daß mit dem Begriff auch die Sache abhanden gekommen ist, die er bezeichnet. Aus der Bergpredigt kennen wir das Wort Jesu: „Selig, die reinen Herzens sind." Ich glaube, daß dieses Wort in enger Verbindung steht mit der Mahnung Jesu: „Wenn ihr nicht werdet wie die Kinder, so könnt ihr nicht in das Himmelreich eingehen." Kinderherzen sind rein, solange in ihnen spontanes Vertrauen lebendig ist. Und dies ist der Normalfall. Vertrauen ist gesund, Mißtrauen eine Krankheit. Thomas von Kempen, der Verfasser der „Nachfolge Christi" hat den Satz geschrieben: „Wärest du im Herzen gut und lauter, würdest du alles ohne Schwierigkeit erkennen und gut begreifen." Und er fährt wenig später fort: „Wie jemand im Inneren ist, so beurteilt er die Außenwelt." Und dies sollte uns zu denken geben.

5. Ein liebenswerter Mensch

Würde ich Sie auffordern, einen Zettel zu nehmen und drei oder fünf Namen daraufzuschreiben von Menschen, die ihnen unsympathisch sind, vermutlich brauchten Sie nicht lange nachzudenken. Solche Namen fallen einem schnell ein. Auch Faulenzer, Lügner, Klatschbasen, Fresser, Säufer und sexuelle Wüstlinge könnten Sie wahrscheinlich auf Anhieb benennen. Aber wenn Sie nun in eine weitere Spalte eintragen müßten, welche Menschen außerhalb ihres Familienkreises Sie für wirklich liebenswert halten, hätten Sie ebenfalls sofort ein paar Namen anzugeben? Soll man daraus schließen, daß die Menschheit eben überwiegend aus unangenehmen Zeitgenossen besteht und liebenswerte Menschen höchst selten geworden seien? Ich glaube, es wäre ein falscher Schluß. Innerhalb unserer Familie und unseres Freundeskreises können wir durchaus liebenswerte Menschen benennen. Da die meisten Menschen in Familien- und Freundeskreisen leben, ließe sich eher vermuten, daß die Wirklichkeit aus lauter liebenswerten Einzelexemplaren besteht. Daß wir sie nicht auf Kommando benennen können, liegt einfach daran, daß wir zu wenige Menschen wirklich kennen und uns zu wenig bemühen, sie kennenzulernen. Aber auch ein angeborener Pessimismus scheint eine Rolle zu spielen. Entdecken wir bei einem Menschen ein Versagen oder macht er uns gegenüber einen Fehler, sehr schnell schieben wir ihn beiseite mit der Floskel, in der sich Bitterkeit und Triumpf verbinden: „So, jetzt kenne ich dich!“ Es klingt so, als habe man längst darauf gewartet, sein Mißtrauen bestätigt zu sehen. Was ich für liebenswert hielt, war also nur Maske, und nun ist sie gefallen. Fast erleichtert stellen wir das fest. Also stimmt es doch, daß die Menschen alle böse sind und Bosheit die Welt regiert! Stimmt es wirklich? Ist der Mensch nicht mehr als sein Versagen und seine Fehler? Was mich betrifft, so bestreite ich auf das Heftigste, ein Bündel aus lauter Bosheit und Gemeinheit zu sein. Ich habe Fehler und manches falsch gemacht, auch anderen Menschen gegenüber. Aber ich habe auch manche guten Eigenschaften, und ich könnte ihnen Leute benennen, die das bestätigen. Und was Sie betrifft, so wird es nicht viel anders sein. Wenn nun schon Sie und ich allerlei Liebenswertes besitzen, weshalb dann nicht auch andere? Wir sollten auf Entdeckungsreise gehen und nach solchen Menschen suchen. Möglichst heute noch. Bei der Berufung des Propheten Jeremia sagt Gott zu ihm: „Bevor ich dich im Mutterschoß bildete, habe ich dich erkannt" (Jer 1,5). Lange bevor ein Mensch an Jeremia überhaupt dachte, konnte Gott sich „vorstellen", daß er sein Prophet sein könnte. Gott brauchte diesen Menschen für seinen Heilsplan. Im Neuen Testament sagt Jesus von seinen Jüngern: „Ich kenne die Meinen und die Meinen kennen mich." Für Jesus Christus bedeutet dieses „Ich kenne dich" nicht das Ende seines Interesses, sondern den Anfang. Wir wissen, daß Jesus Christus keineswegs nur mit Menschen zu tun hatte, die ihn niemals enttäuschten. Aber *weil* er die Menschen kannte, vermochte er hindurchzuschauen durch ihr Versagen und in ihrem Inneren das zu entdecken, was wir den „guten Kern" nennen. So hat er sich zum Erstaunen, manchmal zum Entsetzen seiner kritischen Beobachter, selbst mit Sündern und mancherlei „schrägen Vögeln" eingelassen. Während wir allzugerne von unserer Menschenkenntnis sprechen, wenn wir unredliche Motive bei anderen aufspüren, geht Jesus offenbar einen anderen Weg. Er ent-deckt die positiven Eigenschaften der Menschen, auch wenn sie ver-deckt sind durch gelegentliche Bosheit und charakterliche Mängel.

Wer Christ sein will, wird versuchen müssen, diesen Weg Jesu zum Mitmenschen nachzugehen. Das „Ich kenne dich" wird dann auch für uns ein Wort voll Zuversicht und Vertrauen. Das Versagen des Menschen ist niemals die letzte seiner Möglichkeiten. Wenn ich mit Geduld und christlichem Optimismus ein wenig weitersuche und etwas genauer hinschaue, so kann ich bei jedem Menschen Gutes finden. Wer

Feindschaft und Haß predigen will, bedarf der Propaganda, die den Blick auf das Gute im anderen vernebelt. Wer uns auffordert, selbst unsere Feinde zu lieben, erwartet, daß wir den Nebel durchschauen.

6. Gottes Anspruch

Der moderne Staat hat viele Regelungen getroffen zugunsten seiner Bürger. Ein Netz sozialer Sicherungen umgibt uns von der Wiege bis zur Bahre. Da die Finanzen des Staates aus Steuergeldern oder anderen Einnahmen kommen, die wir selbst einmal bezahlt haben, fühlen wir uns keineswegs als Beschenkte. Wir haben *Anspruch* darauf, daß unser Staat für uns sorgt. Wir haben Anspruch auf das, was uns von Rechts wegen zusteht, und unsere Ansprüche können wir geltend machen, notfalls mit Hilfe der Gerichte. Und so geschieht es denn auch: tagein, tagaus werden Ansprüche gestellt im öffentlichen und privaten Bereich. Und unsere Ansprüche wachsen und wachsen. Sagt man einem Menschen nach, er sei anspruchslos, so klingt dies weniger nach Lob als nach Mitleid: Der weiß nicht, wo die Glocken hängen und wie viele Ansprüche er doch stellen könnte! Daß dieses Anspruchsdenken auch in den religiösen Bereich eindringt, offenbart eine Floskel, die nicht selten zu hören ist, gerade bei frommen Menschen. Von einem harten Schicksalsschlag getroffen – einer Krankheit etwa oder dem plötzlichen Tod eines geliebten Menschen – bricht sich die Enttäuschung Bahn in der bitteren Frage: „Wie habe ich das verdient?“Hinter dieser Frage steht, wenn auch unausgesprochen, die uralte Menschheitserwartung, daß man sich mit seinen guten Taten, seinem moralischen Wohlverhalten und seinen Gebeten doch wohl einen *Anspruch* erworben habe auf Gottes Belohnung nicht erst im Jenseits. „Ich gebe, damit du gibst“ war schon für den Römer des klassischen Altertums der selbstverständliche Spruch, mit dem er vor seine Götter trat. Auch der Beter im Alten Testament – man lese nur einmal in den Psalmen nach – scheut sich nicht, ab und zu bei Gott in Erinnerung zu bringen, daß er gut und gerecht gehandelt und Gottes Weisungen treu befolgt habe. Allerdings besaß der Mensch des Alten Testaments auch ein sehr ausgeprägtes Gefühl dafür, daß Gott als der Schöpfer und Erhalter der Menschen auch Ansprüche an seine Geschöpfe stellen dürfe. Das erste der Zehn Gebote: „Ich bin der Herr, dein Gott" ist in der Überlieferung des 2. Buches Mose mit dem Zusatz versehen: „der dich herausgeführt hat aus Ägypten, aus dem Sklavenhaus". Der Anspruch Gottes ist für den Israeliten verbunden mit der lebendigen Erinnerung an das befreiende und erlösende Handeln Gottes beim Auszug aus Ägypten nach vielen Jahren der Sklaverei. Die Gebote werden deshalb vom gläubigen Juden nicht verstanden als einengende Gesetze und Befehlsworte eines tyrannisch gebietenden Gottes, sondern als Wegweisungen zu einem sinnerfüllten Leben. Uns Christen müßte solche Einsicht noch leichterfallen, weil wir wissen, daß Gottes Sohn sich in grenzenloser Liebe dem Menschen zugewandt hat, um ihn zu erlösen aus der Verkapselung in Selbstüberschätzung und Egoismus. Die Forderungen des Christentums an den Menschen sind deshalb sehr weitgehend, weil sie orientiert sind an der Liebe Jesu Christi zu den Menschen. In seinen Abschiedsreden sagt Jesus den Aposteln: „Liebet einander, wie ich euch geliebt habe." Gottes Anspruch an den Menschen ist nicht ein Pochen auf termingerechtes Abliefern einer Leistung, sondern ein Ansprechen des Herzens, Werben einer Liebe, die auf Antwort wartet. Diese Antwort kann nicht gegeben werden ohne den Blick auf den Menschen neben uns. In seinem ersten Brief an seine Gemeinde schreibt der Apostel Johannes: „Wir lieben, weil Gott uns zuerst geliebt hat. Wenn einer sagt: Ich liebe Gott, und seinen Bruder haßt, so ist er ein Lügner; denn wer seinen Bruder nicht liebt, den er sieht, der kann Gott nicht lieben, den er nicht sieht. Und wir haben überdies von Gott dieses Gebot, daß wer Gott liebt, auch seinen Bruder liebe." Dies ist gewiß ein Wort für einen Tag. Aber es ist noch mehr: Es ist ein Programm für ein ganzes Leben.

Ist es schwer, Freunde zu finden?

Über die Voraussetzungen der Freundschaft

1. Lebenslänglich …

Ich war zu Besuch bei einem alten Freund, der mit seiner Familie ein Haus an einem kleinen See im amerikanischen Bundesstaat Michigan bewohnt. Die wenigen Leute, die sich dort angesiedelt haben, kennen einander und besuchen sich gegenseitig. Die Nachbarn wußten, daß Besuch aus Deutschland kommen würde. Als ich eines Morgens allein im Garten saß, kam von nebenan ein freundlich lächelnder Herr zu mir herüber und begrüßte mich: „Ah, Sie sind der Mann der zeitlebens mit Udo befreundet ist!“ Im Englischen sagte er: „lifelong friend“. Wörtlich übersetzt heißt das: lebenslänglich befreundet. Ich habe dieses Wort nie vergessen, weil es tatsächlich unsere Freundschaft charakterisiert. Wir haben diese Freundschaft nie geschlossen, haben einander nie die Hand gereicht und erklärt: „Ab heute sind wir Freunde.“ Wir sind hineingewachsen. Wir stammen aus einer rheinischen Kleinstadt und schon unsere Familien waren befreundet. Als Kinder waren wir viel zusammen, und später waren wir auf der gleichen Schule. Nach dem Abitur sind unsere Lebenswege recht verschieden gelaufen. Ich studierte Theologie, um Pfarrer zu werden, Udo wurde Chemiker und ging nach dem Studium nach Amerika. Tausende Kilometer liegen heute zwischen uns, und dennoch hat unsere Freundschaft sich erhalten und alle paar Jahre besuchen wir uns. Nie hat es uns an Gesprächsstoff gefehlt, und wir sind tatsächlich der Meinung, daß wir zeitlebens verbunden sein werden, obwohl es äußerlich gesehen mehr Unterschiede in unserem Leben gibt als Gemeinsamkeiten. Aber eines, das empfinden wir, ohne je darüber gesprochen zu haben, scheint vorhanden zu sein: ein innerer Gleichklang der Herzen. Ich habe diese Freundschaft immer als ein Geschenk empfunden, weil sie uns einfach in die Wiege gelegt war. Daß sie niemals verkümmert ist, sondern weiterwuchs, dies freilich bedurfte unseres Zutuns. Wir haben uns immer wieder einmal Zeit füreinander genommen und die Verbindung nicht abreißen lassen. Füreinander Zeit haben, dies ist gewiß eine Voraussetzung der Freundschaft. Und weil die Menschen so wenig Zeit haben füreinander, sind Freundschaften selten geworden. Die Beziehungen der Menschen verkümmern, weil wir unter vielerlei Zwängen leben, unsere Kalender vollgestopft sind mit Terminen, und weil es tausend Dinge gibt, die wir nicht versäumen möchten. Was wir versäumen ist dann oft unser eigenes Leben. Hast und Hektik führen unmerklich in immer größere Isolation. Und immer mehr Menschen klagen ja auch über ihre Einsamkeit. Wer die Einsamkeit ertragen muß, empfindet sein Leben als Last. Der Mensch ist angelegt auf die Begegnung, und nur indem er zugeht auf das Du, findet er zu eigener Entfaltung. Dies ist ohne Zweifel der Grund, weshalb unsere Bibel Gottes- und Nächstenliebe als die beiden wichtigsten Gebote bezeichnet. Diese Gebote sind Schilder, die uns bewahren sollen, uns in einer Sackgasse festzufahren. Lebensglück, wonach so viele Sehnsucht haben, kann nur erfahren, wer sich offenhält für die Zuwendung eines anderen. Dazu bedarf es der Zeit. Mag sein, was wir oft betonen, daß wir keine Zeit haben. Wer keine Zeit hat, muß sie sich nehmen. Schon für unsere Kinder ist es eine schmerzliche Erfahrung, daß sie groß werden mit dem Wort der Eltern: „Ich habe keine Zeit." Wie oft eigentlich kommt uns dieses Wort über die Lippen? Wir wiederholen es so oft, bis wir es selber glauben. Erst wenn wir selbst einmal Hilfe brauchen, die Geduld eines anderen, seinen Trost in einer verfahrenen Situation, dann erleben wir wie bitter das ist, wenn niemand Zeit für uns hat. Die Freundschaft ist die hohe Schule, in der wir es lernen können, Zeit zu haben für den anderen. In dieser Schule lernen wir dann auch, daß es niemals vertane Zeit ist, die ich aufbringe für den anderen. Je mehr Zeit es ist im Laufe meines Lebens, desto kostbarer wird die Freundschaft und desto mehr Glück strahlt von ihr aus. Frida Schanz hat es so formuliert:

Freundschaft gleicht dem Wein. –

In Kürze
Ist der Trank bereit,
Aber Duft und Wert und Würze
Gibt ihm erst die Zeit.

Natürlich kann Mangel an Zeit und vor allem an Geld mich hindern, den anderen so oft persönlich zu besuchen, wie wir es möchten. Aber auch der Brief ist eine Brücke der Gedanken und der Zuneigung. Wir sollten es tun, was da als Werbespruch auf unseren Postautos oft zu lesen ist: „Schreib' mal wieder ..."

2. Politische Freunde

Parteitag – irgendeiner Partei an irgendeinem Ort. Hundertmal ist die Rede von Freundschaft und Freunden. „Meine lieben politischen Freunde“ ruft der Vorsitzende aus, um die auseinanderstrebenden Debattenredner wieder halbwegs auf eine Linie zu bringen. Da nennen sich „Freunde“, die nach einem gemeinsamen Konzept die Öffentlichkeit gestalten, einem Staat sein Gepräge geben wollen. Gemeinsamkeit der Interessen – ist das Freundschaft?

Vor einigen Jahren traf ich auf einer Reise als Schiffsgeistlicher mit einem sehr bekannten deutschen Schlagersänger zusammen. Abends war Show, und da wir bei Tisch zusammensaßen, hatte ich so einiges mitbekommen von den Streitereien unter den Künstlern. Auf der Bühne bezeichneten sich alle als alte Freunde. Ich fragte am anderen Morgen die Frau des Künstlers, wie das denn sei mit Freundschaft unter Stars. „Sind Sie“ wollte ich wissen „wirklich befreundet mit anderen Sängern? Haben Sie Freunde?“ Ein wenig verwundert schaute sie mich an; einen Augenblick dachte sie nach, und dann sagte sie: „Ja, wir haben Freunde. Aber von der Bühne sind die eigentlich alle nicht.“ Gemeinsamkeit des Berufes mit all seinen Problemen und Abhängigkeiten – ist das Freundschaft?

Es scheint, daß auch für den Begriff Freundschaft das gilt, was die Schriftstellerin Luise Rinser einmal in einem Rundfunkbeitrag beklagte: „Heute den Menschen aufs Maul schauend finde ich, daß sie mit einem recht armseligen Vorrat von Allerweltswörtern operieren.“ Daß Freundschaft zu einem solchen Allerweltswort geworden ist, das bedenkenlos und allzu schnell dahergesagt wird, hat wohl seinen Grund darin, daß allzu wenige das hohe Gut wirklich kennen und erfahren, was mit dem Wort Freundschaft gemeint ist. Es ist ein Kennzeichen unserer hektischen Epoche, daß sich ständig „flüchtige Beziehungen“ unter Menschen ergeben, die bald verglühen wie Sternschnuppen am nächtlichen Himmel. Die Industriegesellschaft verlangt Mobilität. Man wechselt Arbeitsplätze und damit oft auch Lebenskreise. Der Tourismus lädt ein zu immer neuem Ortswechsel, der es kaum zuläßt, irgendwo Wurzeln zu schlagen. Wenn heute immer häufiger von „alternativen Lebensformen“ gesprochen wird, so offenbart dies ein Unbehagen an dem Lebensstil, den die Kriegs- und Nachkriegsgeneration entwickelt hat. Nach den Erlebnissen der materiellen Armseligkeit im Krieg und danach wollte man eine komfortable Welt, in der möglichst jeder sich viel leisten konnte. Als es soweit war, daß viele – mehr jedenfalls als je zuvor – sich sehr viel leisten konnten, merkte man plötzlich, daß gar nicht mehr viele ihr Gefühl in dem Operetten-Song ausgedrückt sahen: Freunde, das Leben ist lebenswert.

In der Ostberliner Kirchenzeitung fand ich im vorigen Jahr das folgende kleine Gedicht, das mich sehr beeindruckt hat. Überschrieben war es mit „Wir Heute“ und gezeichnet mit LZ:

Es ist sicher,
daß wir schneller fahren
höher fliegen
und weiter sehen können
als Menschen früherer Zeiten.
Es ist sicher,
daß wir mehr abrufbares Wissen
zur Verfügung haben
als jemals Menschen vor uns.
Es ist sicher,
daß Gott Sein Wort noch niemals
zu einer besser genährten,
gekleideten und bessergestellten
Gemeinde sprach.

Nicht sicher ist,
wie wir bestehen werden
vor Seinem Blick.
Vielleicht haben wir
mehr Barmherzigkeit nötig
als alle, die vor uns waren.

Dieses Ahnen sollte uns motivieren, einmal darüber nachzudenken, ob nicht einige unserer Ideen auf den Sperrmüll gehören. Vielleicht könnte man auf dem Flohmarkt des Lebens etwas so Altes und Schönes wiederfinden und in sein Leben nehmen wie die Freundschaft. Sie ist ein Geschenk der göttlichen Barmherzigkeit.

3. Dienet einander in Liebe

Wen eigentlich kann man einen Freund nennen? Ein Schriftsteller, der im 18. Jahrhundert sehr populär war, Christian Fürchtegott Gellert, hat die folgende Antwort gegeben: „Ein Freund, der mir den Spiegel zeigt, den kleinsten Flecken nicht verschweigt, mich freundlich warnt, mich deutlich schilt, wenn ich nicht meine Pflicht erfüllt: Der ist mein Freund." In diesem Wort wird Freundschaft als die Bereitschaft verstanden, einem anderen zur Selbsterkenntnis und Selbstverwirklichung zu verhelfen. Paulus in seinem Brief an die Galater macht dies zur Forderung an alle Christen: Sie sollten einander in Liebe dienen. Und auch das Wort Jesu „Einer trage des anderen Last" weist in diese Richtung. Nicht nur in Zeiten der Not bedarf der Mensch der helfenden Hand des anderen, sondern immer. Wenn heute so viel gesprochen wird von „Mitmenschlichkeit", so offenbart sich darin die Sehnsucht vieler nach Menschen, die mit uns auf dem Wege sind, unseren Lebensweg begleiten. Ein japanisches Sprichwort sagt: Keine Straße ist lang mit einem Freund an der Seite. Wenn wir feststellen, daß Freundschaften selten sind, obwohl alle Menschen sie sich im Grunde wünschen, so muß dies nachdenklich machen. Wahrscheinlich erwarten wir mehr von anderen als wir selbst zu geben bereit sind. Es tut wohl, zu erfahren, daß andere sich für uns interessieren. Unsere Selbstsucht hindert uns oft daran, uneigennütziges Interesse für den anderen aufzubringen. So aber kann Freundschaft nicht zustandekommen. Sie ist ein Prozeß gegenseitigen Gebens und Nehmens. „Dienet einander" hat Paulus gefordert. Einer Freundschaft vorausgehen muß deshalb das, was wir sehr bildhaft „Aufgeschlossenheit" nennen. Man muß sein Herz öffnen und dem Du Einlaß gewähren. Da kein Mensch ohne Fehler ist, bedeutet dies stets ein Risiko. Jede Freundschaft bringt auch Enttäuschungen mit sich, die uns zeitweilig sogar belasten können. Aber da auch *wir* Fehler haben und Fehler machen, ist das Risiko auf beiden Seiten gleich groß. Mit einiger Selbstsicherheit nehmen wir an, daß bei uns die Summe der Fehler kleiner ist als die Summe der guten Eigenschaften. Ob wir es nicht fertigbringen, genau das bei den anderen Menschen zu unterstellen? Ich glaube, daß eine Freundschaft nicht zugrunde zu gehen braucht, wenn der andere nicht immer so ist und so handelt, wie wir es erwartet haben. Das Erlebnis einer Enttäuschung stellt weniger die Freundschaft auf die Probe als unsere Bereitschaft, an den anderen und das Gute in ihm zu glauben. In einem Band des umfangreichen theologischen Werkes von Michael Schmaus las ich einmal die folgenden Sätze:

„Wenn wir sagen, daß wir an jemand glauben, so meinen wir, daß wir durch alle äußeren, in die Augen fallenden Mängel, durch das Allzumenschliche hindurchstoßen, den verborgenen Wert sehen und das uns begegnende Du um dieses Wertes willen bejahen. Ein solches Ja kann nur aus der Liebe heraus gesprochen werden, ja es ist selbst die Liebe."

Mir haben diese Sätze manchmal geholfen, wenn ich mich in der Versuchung sah, einen Menschen innerlich abzuservieren und mich aus einer Freundschaft wieder davonzustehlen. Selbst der Glaube an Gott kann in eine Belastungsprobe geraten. Wieviel mehr der Glaube an einen Menschen! Es ist ein törichtes Wort, einem anderen im Augenblick der Verärgerung zu sagen: Mit dir bin ich fertig. Solange wir leben, sind wir nicht fertig: Weder mit der Welt, noch mit Menschen – geschweige mit uns selbst. Eine Freundschaft ist kein fertig verschnürtes Bündel von Erkenntnissen und Einsichten, sondern eine große Schale, in die immer noch neue Früchte hineingelegt werden. Und jeder Tag gibt uns Gelegenheit zur Ernte.

4. Geschäftsfreunde

„Nee Du, der Donnerstag ist schlecht, da habe ich Geschäftsfreunde eingeladen", sagte er. Er ist ein Freund von mir und er hat viele Probleme. Sein Geschäft läuft glänzend, aber sein privates Leben ist sorgenvoll. Seine Frau, mit der er sehr glücklich verheiratet war, ist an Krebs gestorben. Er saß da mit vier heranwachsenden Kindern, denen er wieder die Geborgenheit einer glücklichen Familie schenken wollte. Der Versuch mißlang. Die zweite Ehe klappte nicht; nach zwei Jahren haben sie sich wieder getrennt. Wenn er nun Geschäftsfreunde eingeladen hat, dann brauche ich nicht zu kommen. Dann wird doch nur geredet über Geschäfte und Erfolge. Wenn *ich* komme, wollen wir über anderes sprechen: über sein Leben und über meines. Manchmal hat er mich angerufen: „Du mußt mal wieder kommen." Er weiß sehr genau, daß ich keinen Rezeptblock in der Tasche habe, mit dem ich ihm für jedes Problem die richtige geistliche Pille verordnen könnte. Auch bei mir spricht er manchmal von seinem Geschäft. Ich kann ihm dazu gar nichts raten, weil ich nichts davon verstehe. Aber ich kann Fragen stellen, die mein Interesse an seiner beruflichen Arbeit bekunden und ihm zeigen, daß ich sein unternehmerisches Können bewundere und ihm sehr viel zutraue. Er braucht das – und wer bräuchte es nicht: Interesse, Sympathie und vielleicht auch ein wenig Bewunderung? Mehr noch spricht er von seiner Familie, die es seit dem Tod seiner Frau so nicht mehr gibt wie er sie sich einmal erträumt und – des bin ich Zeuge – auch aufgebaut hatte. Nun muß er Vater und Mutter in einer Person sein, fühlt sich oft überfordert, gerät manchmal ins Schleudern und macht auch Fehler. Ich sage ihm das auch, wenn ich es merke. Und er? Er läßt es sich sagen. Niemals hat er mein Wort vom Tisch gefegt: „Du hast doch keine Ahnung als unverheirateter Pfarrer." Und dies war für mich immer wieder ein wichtiges Erlebnis: Ich durfte meine Meinung sagen und sah mich ernst genommen, auch wenn ich keine Tauben aus dem Zylinder zaubern konnte. So entstehen Freundschaften, und so nur können sie bestehen. Manche Ehe habe ich daran scheitern sehen, daß die Partner diese Fähigkeit nicht aufbringen konnten, einander ernst zu nehmen und vielleicht durch bloßes Zuhören der Selbstfindung des anderen zu dienen. Deswegen auch stört mich das Wort „Geschäftsfreunde". In diese Rubrik ist einzuordnen, wer aus Interessen des Berufes oder Betriebes zur Party geladen oder zu Tisch gebeten wird, weil man meint, es sei nützlich, auch mal ein persönliches Wort zu wechseln: außerhalb rein geschäftlicher Verhandlungen. Aber Gastgeber und Gäste wissen sehr wohl, daß Geschäftsinteressen im Hintergrund stehen. Und so sind die Einladungen von Geschäftsfreunden meist eher Maskenbälle als wirkliche Begegnungen von Mensch zu Mensch. Das Wort Freunde scheint mir hier fehl am Platz. Wer sich nur unter „Geschäftsfreunden" bewegt, mag das Gefühl haben, er kenne genügend nette Leute, um niemals einsam zu sein. Aber der Schein trügt: Sobald er als Geschäftspartner nicht mehr interessant ist, bleiben auch die Einladungen zu den Partys aus. So mancher, der sich eines Tages zur Ruhe gesetzt hat oder einmal eine Strähne geschäftlichen Mißerfolges erleben mußte, hat – vielleicht mit Bitterkeit und Erschrecken – erfahren, wie wahr das Wort des römischen Dichters ist: Solange du glücklich bist, zählst du viele Freunde, doch wenn die Tage einmal grau sind, dann bist du allein.

Freundschaft ist mehr als Zweckgemeinschaft oder flüchtige Sympathiebekundung. Zumal für Christen mündet sie ein in die Nächstenliebe und ist ihre höchste Ausformung. Dies bedeutet, daß Freundschaft ihrem Wesen nach vordringen will zum Herzen des anderen Menschen. Nicht einmal Hilfsbereitschaft oder gar Mitleid entsprechen dem, was Freundschaft will. In ihr werden wir nicht nur solidarisch mit einem Menschen in seiner seelischen Hilfsbedürftigkeit, sondern wir nehmen Anteil am liebenden Schöpfungsvollzug

Gottes. Die Liebe ist der ursprüngliche göttliche Schöpfungsimpuls. Durch Mit- und Nachvollzug der Liebe Gottes ist auch der Mensch schöpferisch tätig. Die Schöpfung ist dynamisch, d. h., sie will weiterentfaltet werden. Wer sich in diesen Arbeitsprozeß einschaltet, vollzieht Gottes Liebesakt und hilft schöpferisch mit bei der Vervollkommnung der Welt. So also hat wahre Freundschaft in der Tat eine göttliche Dimension.

5. Freunde habe ich euch genannt

Unweit von Jerusalem liegt das kleine Dorf Bethanien. Die Tradition weist es aus als die Heimat dreier Menschen, von denen es im Neuen Testament heißt, daß sie in besonderer Weise mit Jesus befreundet waren: Lazarus und seine Schwestern Maria und Martha. Bei seinen Aufenthalten in Jerusalem ist Jesus dort immer wieder eingekehrt, hat das Gespräch mit ihnen gesucht und wohl auch die liebevolle Zuwendung dreier Menschen, die ihr Herz mehr als andere für ihn öffneten. Wie diese Freundschaft mit Jesu zustande kommen konnte, erfahren wir an einer Stelle des Johannesevangeliums (15, 14). Dort sagt Jesus in seinen Abschiedsreden zu seinen Jüngern: „Ihr seid meine Freunde, wenn ihr tut, was ich euch gebiete." Kein Mensch könnte es wagen, ein solches Wort zur Grundlage seiner Freundschaft zu machen. Nicht Freundschaft würde auf diese Weise entstehen, sondern Sklaverei. In dem Bewußtsein, daß er der Sohn Gottes und eins ist mit dem Vater, kann Jesus dieses Wort sagen. Es ist sein Lebensinhalt, den Willen Gottes zu tun und wer sich Gottes Gebote zueigen macht und sein Handeln danach ausrichtet, der kann Freundschaft mit Jesus erreichen und seiner Zuwendung sicher sein. Jesus nennt als *Voraussetzung* der Freundschaft mit ihm den Gleichklang des Willens und als *Zeichen* der Freundschaft den gemeinsamen Besitz beglückender Wahrheiten. So erklärt Jesus im folgenden Satz des Johannesevangeliums: „Nicht mehr nenne ich euch Knechte, denn der Knecht weiß nicht, was sein Herr tut. Freunde habe ich euch genannt, denn alles was ich von meinem Vater erkundet habe, habe ich euch verkündet."

Ich komme im Zusammenhang unseres Nachdenkens über die Freundschaft darauf zu sprechen, weil ich der Meinung bin, daß man christliche Religiosität als etwas sehr Beglückendes erfährt, wenn man sie als Freundschaft mit Jesus Christus interpretiert und zu verstehen versucht. Wem Religion zur Last geworden ist oder gar überflüssig erscheint, der hat sie nie erfahren als das Angebot einer Freundschaft. Aber auch das Umgekehrte glaube ich feststellen zu können: Sobald wir unser Christentum definieren als eine Freundschaft mit Gott, gewinnt es die Faszination der personalen Begegnung. Das Gebet des Menschen wird zu einem Aussprechen seiner selbst auf ein Du hin, von dem ich mich geliebt und deshalb verstanden weiß. Die Teilnahme am Gottesdienst wird zur Einkehr bei einem Freund, der mit der Hingabe seines Lebens für uns Menschen das Höchste getan hat, wozu Freundschaft fähig ist (Joh 15,13). Die Ausrichtung unseres Lebens nach den Geboten Gottes und den Weisungen der Heiligen Schrift wird zum ständigen Bemühen, zu einem Gleichklang der Herzen zu finden, wie er der Freundschaft eigen ist.

Wird Religion als *Freundschaft* verstanden, so wird allerdings auch eingeräumt, daß es in ihr Unsicherheiten geben kann, die zu einer ständigen Aufgabe werden. Der Theologe Michael Schmaus hat über die Beziehungen der Menschen untereinander gesagt: „Sie stellen keine fertige Apparatur dar, welcher man eingefügt ist, sondern eine lebendige, von der Freiheit getragene und gestaltete Bewegung, die in personaler Entscheidung immer wieder neu verwirklicht werden muß, wenn sie nicht zum Stillstand kommen und sterben soll." Auch Religion setzt solches Bemühen voraus. Aber es ist keineswegs nur ein Ringen des menschlichen Partners um Gott, sondern ebenso das unaufhörliche Zugehen Gottes auf den Menschen.

Es ist die eigentliche Botschaft des Christentums, uns zu sagen, daß Gott in nie endender Liebe dem Menschen zugewandt bleibt. Jesu Wort, er nenne uns Freunde, ist die endgültige Überwindung menschlicher Einsamkeit. Auch der Mensch, der alle seine Freundschaften verkommen ließ oder durch den Tod seiner Freunde verloren hat, kann in der Gewißheit leben, daß die Freundschaft Gottes weiterdauert. Jedes Kruzifix, das wir sehen, erinnert uns daran, daß die Arme

Jesu ausgebreitet sind. Die ausgebreiteten Arme sind das Zeichen einer Freundschaft, die offen ist für jeden Menschen. Wie jede Freundschaft kann auch sie auf Forderungen nicht ganz verzichten. Unerbittlich wie die Liebe es tut, fordert Jesus vom Menschen, daß er sei, der er sein soll, daß er nicht zurückbleibt hinter den Möglichkeiten personaler Selbstentfaltung. Nur Unkenntnis des Christentums kann behaupten, es ziele auf Einengung und Begrenzung unserer Freiheit. Unsere Religion will die Entfaltung des Menschen bis zu jener Höhe, die wir Gottebenbildlichkeit nennen.

6. Bleibt dir ein Freund, so bist du reich

Eine mehr als 3000 Jahre alte Sage erzählt von einem Bauern, der stets hilfsbereit die Pilger in sein Haus aufnahm, die unterwegs waren zu den Wallfahrtsstätten der Götter. Die Götter sprechen eines Tages von diesem Bauern und loben ihn. Aber einer der Götter will von diesem Lob nichts wissen. Er sagt: „Dieser Bauer tut gar nicht besonders viel. Daß er die Pilger aufnimmt, nun ja das liegt ihm, das macht ihm selber Freude. Aber es ist keine wirkliche Liebe, die ihn beseelt." Er erbietet sich, selbst einmal zu dem Bauern zu gehen, von dem er weiß, daß er seinen Nachbarn unerbittlich haßt. Und als Pilger verkleidet kommt er zu dem Bauern und wird freundlich aufgenommen. Der Bauer überläßt ihm sogar sein Bett. Da stellt ihm der Pilger einen Wunsch frei. „Aber", so sagt er, „was du dir wünschst, das bekommt dein Nachbar doppelt." Der Bauer ist verdrossen, er überlegt ... und dann sagt er: „Gut, ich wünsche mir ein blindes Auge." Man kann über diese Geschichte sehr erschrocken sein, denn sie offenbart die furchtbarste aller menschlichen Fähigkeiten: die Möglichkeit, zu hassen.

Der Preußen-König Friedrich, den man den Großen nennt, war der Meinung; „Liebe und Haß lassen sich nicht befehlen, und jeder ist in diesem Stück zu den Empfindungen berechtigt, die er nun einmal hat." Manche unserer Zeitgenossen scheinen diese Auffassung zu teilen. Für Christenmenschen aber ist Haß eine Gefühlsäußerung, mit der man sich nicht einfach abfinden kann, die vielmehr aufgearbeitet und abgebaut werden muß. Wo sich Haß einstellt, ist der Mensch in der Gefahr, seinen Daseinszweck völlig zu verkehren. Der Mensch als Abbild Gottes ist angelegt auf Liebe. Das bedeutet: Zuwendung, Verstehen-Wollen und nicht zuletzt die Fähigkeit, zu verzeihen. Sie Sage vom Bauern, der seinem Nachbarn Blindheit wünschte, ist ein literarisch eingefangenes Stück Menschheitsgeschichte. In der Perversion seiner edelsten Fähigkeit, andere Menschen zu lieben, kann ein Mensch zu der Entschlossenheit gelangen, andere zu vernichten. Haß als eine Aufwallung unseres Gefühls stellt sich meist dort ein, wo eine Erwartung enttäuscht wird oder Liebe sich verschmäht sieht. Wenn das Wollen des Menschen an eine Grenze gelangt, weil ein anderer sich ihm verweigert, so keimt leicht der Gedanke auf, diesen anderen beiseite zu räumen. Nicht nur Kriege unter Völkern entstehen auf diese Weise, sondern auch Fehden und Zank unter Nachbarn und Verwandten.

Um Haß zu überwinden, sind zwei Voraussetzungen erforderlich: Erstens die Bereitschaft, einen anderen gelten zu lassen, auch wenn wir unsere Interessen nicht auf einen Nenner bringen können. Zweitens jene Fähigkeit zur Selbstentscheidung, die wir herkömmlicherweise Demut nennen. Während der Stolz Einspruch erhebt und Emotionen wachruft, wenn eigenes Denken und Wollen sich nicht durchzusetzen vermag, räumt Demut dem anderen einen Vertrauensvorschuß ein. Ich höre den Einspruch: „Mein Vertrauen ist zu oft enttäuscht worden." Jedes Vertrauen wird gelegentlich enttäuscht, weil Menschen Fehler haben und der Versuchung zum Bösen ausgesetzt sind. Wem es nicht gelingt, den Blick über vordergründige Bosheit des anderen hinausschweifen zu lassen, bis er das Gute in ihm entdeckt, der wird zum Menschenverächter und gerät in immer tiefere Einsamkeit.

Die Gestalten der Geschichte, die man als Menschenfreunde bezeichnen kann, haben nicht von der Illusion gelebt, es gäbe nur Gutes in der Welt und im Herzen der Menschen. Sie haben aber gelebt aus der Überzeugung, daß Bosheit und Gemeinheit nicht das Wesen des Menschen sind, sondern ein Fehlverhalten. Ich bin der Meinung, daß wir mehr Zeit darauf verwenden sollten, auf Entdeckungsreise zu gehen und nach dem Guten im anderen Menschen zu suchen. Diese Zeit ist niemals vertan, denn auf der Suche nach dem Guten im anderen Menschen, entstehen Freundschaften. Wenn Freundschaften heute selten sind, so liegt dies gewiß auch daran, daß wir zu viel Zeit damit zubringen, Fehler anderer Menschen aufzudecken, uns darüber zu entrüsten und sie natürlich möglichst vielen weiterzuerzählen. Unsere Kontakte zu anderen werden auf diese Weise immer spärlicher, wir selbst immer ärmer. Der Krieg hat uns gelehrt, wie schnell materieller Reichtum des Menschen zerrinnen kann. Damals haben manche erfahren, wie wahr unser Sprichwort ist: „Bleibt dir ein Freund, so bist du reich." Um diesen Reichtum, sollten wir uns bemühen.

Hat Besinnung einen Sinn?

Über unsere Versuche, bessere Menschen zu werden

1. Dreifache Bescheidenheit

Jahr für Jahr ist es eigentlich dasselbe: Je näher das Weihnachtsfest heranrückt, desto hektischer wird es auf unseren Straßen und in vielen Familien. Statt sich auf das Weihnachtsfest zu freuen, stöhnen viele insgeheim oder ganz offen und ehrlich: Gott sei Dank, wenn alles vorbei ist. Man braucht Geschenke, man will möglichst vielen Bekannten seine Grüße schreiben, man ist mitten drin im Weihnachtsstreß. Glauben Sie nicht, daß es uns Geistlichen anders geht. Überall werden Adventsfeiern veranstaltet, und wir sollen dabei sein und ein paar besinnliche Worte beisteuern. Vor einigen Jahren sagte mir ein evangelischer Kollege aus Hamburg mit Augenzwinkern: „Ja, der Advent wird wieder schön, dann rasen wir von Besinnung zu Besinnung." Und dennoch möchten die Kirchen die Adventszeit nicht abschaffen. In den Herzen vieler Menschen ist eine Sehnsucht lebendig, etwas zu tun für andere, Freude zu schenken, auch selber einmal auszusteigen aus dem Alltagstrott und – auch einmal wieder etwas zu tun für das, was viele „religiöses Bedürfnis" nennen. Es gibt bei mehr Menschen, als manche meinen eine geheime Sehnsucht nach Religion und Gottesbegegnung. Und ich merke immer wieder, daß bei allem Trubel, den man beklagen mag, vielleicht doch bei manchen von uns ein wenig Sehnsucht aufkommt nach dem, was der Advent eigentlich ist: ein Hinaufschauen zum Himmel, an dem wir den Aufgang des Sternes von Bethlehem erwarten. In der Nachkriegsgeschichte unseres Volkes kommen wir gelegentlich an Punkte, die eine Veränderung markieren. In unseren Sprachschatz sind Worte aufgenommen, die man vor Jahren noch einigen vermeintlichen Pessimisten überlassen zu können meinte: da ist immer häufiger die Rede vom Ende des Wirtschaftswachstums, von Energiekrise, von Problemen der Umweltverschmutzung sogar von neuer Armut. Aber auch andere Zeiterscheinungen lassen aufhorchen: Eine wach-

sende Zahl von Menschen fühlt sich unwohl in unserer Konsumgesellschaft und sucht nach alternativen Lebensformen. Ein Unbehagen an vielen Erscheinungsformen unseres Staatswesens macht sich breit: Die Furcht vor dem hemmungslosen Wettrüsten greift um sich. Es ist sehr bezeichnend, daß viele ältere Menschen mir in Seelsorgsgesprächen unumwunden sagen: „Ich bin froh, daß ich mein Leben hinter mir habe und das alles nicht mehr miterleben muß, was auf die junge Generation vielleicht noch zukommt." Das Vertrauen von ehedem, daß die großen Macher der Politik und Wirtschaft die Weichen schon richtig stellen werden und eine sichere Zukunft garantieren könnten, weicht manchmal einer Unsicherheit. Dennoch möchte ich nicht einem Pessimismus das Wort reden. Ernste Zeiten können neue Kräfte aktivieren, während immer weiter gesteigertes Wohlergehen nicht nur im medizinischen Bereich Wohlstandskrankheiten heraufbeschwört und die Infarktgefahren steigert.
Im 12. Kapitel des Römerbriefes, schreibt Paulus an seine Gemeinde in Rom: „Ich sage kraft der mir verliehenen Gnade zu jedem unter euch: er möge nicht höher von sich denken als er denken darf ..." Was Paulus den Christen empfiehlt, ist jene Haltung, die wir *Demut* nennen. Sie ist keineswegs Duckmäuserei, die den Widerspruch nicht wagt. Sie ist Bescheidenheit, die sich nach drei Richtungen hin äußert: Bescheidenheit in den eigenen Ansprüchen, die wir ganz sicher mäßigen müssen, wenn wir nicht eines Tages wirklich an den Rand der wirtschaftlichen und ökologischen Katastrophe geraten wollen. Zweitens Bescheidenheit in unserer Selbsteinschätzung, die uns glauben machen will, daß *nur* Güte und Wohlwollen in menschlichen Herzen walten und unser Handeln bestimmen. Und schließlich Bescheidenheit vor Gott, die sich äußern muß in der Anerkennung seiner Maßstäbe und Gebote, die ihrerseits im Dienste unserer Menschenwürde stehen.

2. Besinnung und Besonnenheit

Da lesen wir gelegentlich in den Zeitungen, daß ein Eisenbahnunglück oder ein Flugzeugabsturz verhindert werden konnte, weil der Lokführer oder der Pilot richtig gehandelt hat. „Nur der Besonnenheit des Piloten", so heißt es dann, „war es zu verdanken, daß die Maschine noch rechtzeitig notlanden konnte. Menschen kamen nicht zu Schaden." Wir atmen auf: Besonnenheit hat eine Katastrophe verhindert. Doch auch das Umgekehrte geschieht immer wieder: Unbesonnenheit führt Katastrophen herbei: Nicht nur im Verkehr, auch in der Politik, im Zusammenleben der Familie und im Beruf. Was eigentlich meint dieses Wort Besonnenheit?

Es ist hergeleitet vom Tätigkeitswort „besinnen" und meint die Fähigkeit, vom Augenblick Distanz zu gewinnen. In einem alten Lexikon fand ich die Erklärung, Besonnenheit sei „die für Charakterreife zeugende ... Tugend, nicht mehr zu übereilten Handlungen zu neigen, sondern auf sittliche Grundsätze zurückzugehen und die Folgen jedes Entschlusses zu überlegen". Man kann fragen, wieso eigentlich das „besonnene" Handeln des Flugzeugpiloten bei der Notlandung etwas mit *sittlichen Grundsätzen* zu tun habe. Aber setzt nicht sein Handeln ein hohes Maß an eingeübter Selbstdisziplin voraus und die Bereitschaft, alles technische Wissen blitzschnell in den Dienst der Menschen zu stellen, die es zu retten gilt?

Das Christentum hat die hohe Einschätzung der Besonnenheit als eine der Grundtugenden des Menschen aus der Philosophie der Antike übernommen. Im Römerbrief mahnt Paulus seine Gemeinde, ihr Denken solle darauf ausgehen, besonnen zu sein.

Mir scheint, daß diese Mahnungen den Maßstab liefern müßte, für manche Besinnungen, zu denen wir uns immer wieder die Zeit nehmen sollten. Es ist zu wenig, wenn wir uns ein paar Wochen im Jahr für Besinnungen vorsehen, die meistens keine sind. Ein liebenswürdiger Plausch bei Kerzenschein und Kuchen, mag eine gemütliche Stunde sein, nur „Besinnung“ sollte man sie nicht nennen. Besinnung muß mehr sein: ein Nachdenken über sich selbst, ein Prüfen seiner Denk- und Lebensgewohnheiten und eben auch: ein Bemühen um Besonnenheit. Bei Worten schon fängt dies an, denn unbesonnene Worte haben schon vieles Porzellan zu Scherben zerschlagen. Aber es muß noch weitergehen. Der griechische Philosoph Platon hat schon 500 Jahre vor Christus die Besonnenheit als politische Tugend verstanden. Daß wir „auf sittliche Grundsätze zurückgehen“ und „die Folgen jedes Entschlusses bedenken“ ist sicherlich eine Forderung, die für die Gestaltung unserer staatlichen Ordnung von großer Bedeutung ist. Alle Formen des Widerstandes gegen den sozialen Rechtsstaat sind unbesonnen, weil sie sittliche Grundsätze ebenso außer acht lassen wie die alle Menschenwürde bedrohenden Folgen, die aus der Auflösung des Rechtsstaates hervorgehen. Auf der anderen Seite: Alles vorschnelle Rufen nach der starken Hand, die Ordnung schafft, indem sie sich ihrerseits über rechtsstaatliche Prinzipien hinwegsetzt, ist in gleicher Weise gefährlich für uns alle.

Für Christen sollte Besonnenheit hervorwachsen aus einer Besinnung auf den Ursprung und das Ziel des Menschen. Alles Jammern, daß die Zeiten immer schlechter werden, führt zu nichts. Noch weniger sollten wir in Träume von angeblich goldenen Jahren der Vergangenheit flüchten. Die ersten Kapitel unserer Bibel machen uns darauf aufmerksam, daß der Mensch immer bedroht ist von der selbstgefälligen Überschätzung seiner eigenen Kräfte.

Besinnung sollte in Erinnerung bringen, daß wir Gottes bedürfen, um die Gefahren der Zeit – auch unserer Zeit – zu bestehen und das zu finden, was wir Erlösung nennen: den Frieden mit Gott und der Menschen untereinander.

3. Dialogfähigkeit

Im 12. Kapitel des Römerbriefes schreibt Paulus den folgenden Satz: „Wie wir an einem Leib viele Glieder haben, aber nicht alle Glieder denselben Dienst verrichten, so sind wir, die vielen, ein Leib in Christus, einzeln aber verhalten wir uns zueinander wie Glieder und haben verschiedene Gaben je nach der Gnade, die uns gegeben ist." Für das Leben seiner Gemeinde möchte Paulus mit diesem Hinweis einen Maßstab setzen: Bei aller Unterschiedlichkeit der Meinungen, die es auch im frühen Christentum schon gegeben hat, soll es unter Christen jenes verbindende Bewußtsein geben, daß jeder in seiner Weise beitragen kann zum Gelingen des Gemeindelebens. Daß die Brüder „in Eintracht beieinander wohnen" – wie es in einem Psalm des Alten Testaments hieß – war ständiges Bemühen und ein auffallendes Kennzeichen frühchristlicher Gemeinden. Solidarität nennen wir es heute. Das Wort ist in aller Munde, weil wir wissen, daß es eine objektive Abhängigkeit der Menschen und ein Angewiesensein aufeinander gibt. Solidarität entsteht dort, wo der einzelne Mensch diese tatsächliche Zusammengehörigkeit bejaht und zu seinem Teil verwirklicht. Solidarität als politische Tugend erwächst aus der Einsicht, daß nur in gemeinsamem Bemühen die Probleme menschlichen Zusammenlebens und – wie wir heute wissen – auch des Überlebens gemeistert werden können. Als christliche Tugend hat Solidarität einen sehr viel tieferen Grund. Sie entsteht aus dem Glauben, daß alle Menschen Kinder des einen Schöpfers sind, daß für alle Menschen Gottes Sohn Mensch wurde und daß er durch seinen Tod und seine Auferstehung für alle Menschen Erlösung gebracht hat aus der Verlorenheit der Sünde.

Wo ein Bewußtsein der Solidarität vorhanden ist, wird sie ihren Ausdruck zunächst in einer ehrlichen Gesprächsbereitschaft finden. Im freundschaftlichen Gespräch lernen Menschen einander kennen, tauschen Ideen, Einsichten und

Erfahrungen aus und suchen gemeinsam nach Fortschritten des Denkens und der Erkenntisse. Nun ist auch vom *Dialog* allenthalben die Rede, aber nicht, weil er tatsächlich und ständig stattfindet, sondern eher weil wir die Unfähigkeit zum Dialog immer häufiger schmerzlich erfahren. Jeder von uns weiß, daß Meinungsverschiedenheiten sich am ehesten überwinden lassen, wenn man sich in Ruhe zusammensetzt. Das gilt für Freundschaften, es gilt für Familien und für Firmen. Es gilt auch für Kirche und Staat. Katholikentage und Kirchentage der letzten Jahre haben gezeigt, daß nach einer Periode teilweise heftiger innerkirchlicher Auseinandersetzung die Bereitschaft zum Gespräch und damit auch der Wille zur Solidarität wieder zugenommen hat. Im staatlichen Zusammenleben scheint es umgekehrt zu sein. Statt sich zum Wohle der Gemeinschaft um Verständigung zu bemühen, schlägt man sich gegenseitig Parolen um die Ohren. Man verkündet bei Protestmärschen auf Transparenten und mit erhobener Stimme, manchmal auch mit erhobener Faust, die eigene Meinung. Wer anders denkt und anders sagt, wird niedergeschrien, manchmal niedergeknüppelt.

Erfreut sein über diese Entwicklung kann nur, wer wünscht, daß unser Staat verfällt und seine Ideale in ein Museum wandern, in dem die Requisiten einstiger Freiheit ausgestellt sind. Wer Gesprächsbereitschaft in den eigenen vier Wänden nicht praktizieren kann, wird keineswegs einen Beitrag zum Frieden der Völker liefern können. Daß in einem demokratischen Staat Demonstrationen stattfinden können, ist ein Zeichen der Freiheit, die es zuläßt, daß jeder seine Meinung sagen kann. Wo aber Demonstrationen zu Mitteln der Erpressung werden, führen sie zu gewaltsamen Aktionen, die all unser Reden vom Frieden nur der Lüge strafen.

Wenn uns alljährlich am Weihnachtsfest die Botschaft vom „Frieden unter den Menschen, die guten Willens sind" erreichen soll, so sollten wir die Wochen zuvor dazu nutzen, guten Willen zu zeigen. Ein jeder an seiner Stelle und ein jeder im Gespräch mit den Menschen, denen er begegnet in Kirche und Staat. Nicht nur einmal im Jahr auf dem Adventskranz sollten wir Kerzen anzünden. Das Licht der Liebe muß auch in unserem Staat wieder leuchten.

Ansonsten wird es immer finsterer um uns herum.

4. Propheten

In der Geschichte des Volkes Israel, die sich widerspiegelt in jenem Teil der Bibel, den wir das „Alte Testament" bezeichnen, spielen Männer eine Rolle, die wir Propheten nennen. Für manche verbindet sich mit diesem Wort die Vorstellung, daß es sich um Wahrsager handelt, die künftige Ereignisse und Entwicklungen mehr oder weniger präzise voraussagen. Im Verständnis des Alten Testamentes sind Propheten jedoch nicht Wahrsager, sondern Gottesboten, die aufgrund einer besonders intensiven Gotteserfahrung unermüdlich mahnten zu sittlicher Läuterung und religiöser Besinnung. Der Prophet war ein Mensch, der den Plan Gottes in seiner geschichtlichen Stunde erkannte und mit großem Ernst und unbeirrt für die Belange Gottes eintrat. In der Überzeugung, daß Gott der unumschränkte Herr und König aller Zeiten, Menschen und Völker sei, verlangte der Prophet immer wieder neu echte und unbedingte Umkehr zu Gott, um auf diese Weise dem kommenden Gottesreich den Weg zu bereiten. In diesem Sinne hat sich auch die christliche Kirche als Prophetin verstanden, wohl wissend, daß sie die eigene Gnadenerfahrung umsetzen muß in beständiges Mahnen zur Rückbesinnung auf Gott und seinen Heilswillen. In der Konstitution des 2. Vatikanischen Konzils über die Kirche findet sich (im 4. Kapitel) der folgende Abschnitt: „Christus, der große Prophet, der durch das Zeugnis seines Lebens und in der Kraft seines Wortes das Reich des Vaters proklamiert hat, erfüllt bis zur vollen Offenbarung der Herrlichkeit sein prophetisches Amt, nicht nur durch die Hierarchie, die in seinem Namen und in seiner Vollmacht lehrt, sondern auch durch die Laien. Sie bestellt er deshalb zu Zeugen und rüstet sie mit dem Glaubenssinn und der Gnade des Wortes aus, damit die Kraft des Evangeliums im alltäglichen Familien- und Gesellschaftsleben aufleuchte. Sie zeigen sich als Söhne der Verheißung, wenn sie stark in Glauben und Hoffnung den gegenwärtigen Augenblick auskaufen und die künftige Herrlichkeit in Geduld erwarten. Diese Hoffnung sollen sie aber nicht im Innern der Seele verbergen, sondern in ständiger Bekehrung ... auch durch die Strukturen des Weltlebens ausdrücken."

Diese Sätze bringen in Erinnerung, daß prophetisches Handeln *allen* Christen zur Aufgabe gemacht ist. Natürlich darf, ja muß es Stunden in unserem Leben geben, in denen wir einmal abschalten und uns dem hingeben, was wir Deutsche „Gemütlichkeit" nennen. Aber auf's Ganze gesehen will Advent eine Zeit sein, in der wir Kraft schöpfen für christliches Handeln. Die Adventszeit will uns jedes Jahr aufs neue in Erinnerung rufen, daß wir warten auf das Wiederkommen des Herrn in Herrlichkeit. Wir Christen sind bis zu dieser Wiederkunft des Herrn verantwortlich für das Reich Gottes, das Jesus Christus nahegelegt hat. Wir sollten kein Hehl daraus machen, daß es unser Ziel ist, in die Gestaltung und Fortentwicklung unseres Staates christliche Maßstäbe einzubringen, um auf diese Weise der Humanisierung zu dienen. Im Verständnis des Christentums sind weder Moral noch Politik Privatangelegenheiten, die jeder nach eigener Façon gestalten kann. Im Gegenteil: christliche Überzeugung will öffentliche und private Moral, Politik und Wirtschaft, Kunst und Kultur, eben alle Bereiche menschlichen Lebens im Geist der Botschaft Jesu formen und gestalten. Was dies im einzelnen heißt, bedarf ständigen Nachdenkens und läßt oft auch verschiedene Lösungsmöglichkeiten zu. Stets aber gilt die Mahnung des Kolosserbriefes: „Was immer ihr tut in Wort und Werk, das tut im Namen des Herrn Jesus." Wir Christen sind überzeugt, daß auch staatliche Gesetze vor diesem Anspruch bestehen müssen.

5. Wer die Gabe des Trostes hat, der tröste

Wenn wir von Trost sprechen, denken wir meist an Krankenbesuche oder Beerdigungen. Und viele fühlen sich gerade bei diesen Gelegenheiten besonders hilfslos. Was soll man einem Menschen sagen, der von Schmerz geplagt wird, dessen Erwartungen zerbrochen und dessen Lebensfreude in Ziellosigkeit zu versinken droht? Wer die Begegnungen mit denen, die den Trost brauchen, meidet, tut es meist in der Sorge, er finde doch nicht das richtige Wort, oder auch in der Meinung, jedes seiner Worte sei zu blaß oder zu leer, um dem anderen in seiner Lage hilfreich zu sein.

Und wir alle wissen, daß viele Worte leer sind oder gar verlogen. Soll man es glauben, wenn eine Firma im Nachruf beteuert, sie werde diesen Mitarbeiter nie vergessen? Im Augenblick mag es sogar ehrlich gemeint sein, aber wie schnell – wir haben es oft genug erlebt – sind Menschen vergessen! Ist es wahr, wenn einer dem Kranken sagt: „Kopf hoch, alter Junge, in ein paar Wochen bist du wieder auf den Beinen"? Hat man nicht selber oft so geredet, obwohl man wußte, daß es nicht so sein würde? Ein Schriftsteller des 18. Jahrhunderts, Ludwig Börne, hat den Satz geschrieben: „Trost gibt der Himmel. Von dem Menschen erwartet man Beistand." Ich glaube, daß dieses Wort in zweifacher Hinsicht wahr ist: Nur die Botschaft des Glaubens, das Wissen um einen gütigen Gott, der das Knäul wirrer Schicksalsfäden aufzulösen vermag, spendet Trost, der Leid wirklich mindern kann. Aber es gilt auch das Zweite: Der Beistand, die Nähe eines Menschen – ganz unabhängig davon, welche Worte er findet oder nicht – ist ihrerseits Trost. Er ist eine Kunst des Herzens, die oft nur darin besteht „liebevoll zu schweigen und schweigend mitzuleiden" (Otto v. Leixner).

Paulus mahnt im Römerbrief seine Gemeinde: „Wer die Gabe des Trostes hat, tröste." Auch damit ist sicher beides gemeint: das Weitergeben eigener Glaubensüberzeugung, daß

Gott bei uns ist auch dann, wenn wir – wie der Psalm es ausdrückt – in dunkler Schlucht gehen müssen. Und der Erweis freundschaftlichen Verbundenseins, den wir einem anderen erbringen. Nächstenliebe, die wir neben der Gottesliebe als die höchste christliche Tugend preisen, kann sich nicht erschöpfen in materieller Hilfsbereitschaft, sie will den Menschen auch in seiner geistigen Not aufrichten. Und gerade davon gibt es in unserer eigenen Umgebung mehr als manche meinen und sicher mehr als wir verantworten können.

Wir machen uns immer wieder Gedanken, was wir dem einen oder anderen schenken können. Vielleicht sollten wir uns auch ein wenig mehr Zeit nehmen, darüber nachzudenken, wo Menschen sind, die eines Päckchens weniger bedürfen als des Trostes. Wo ist Einsamkeit, die ich lindern kann? Wo ist ein Unverstandener, dem ich Verständnis zeigen könnte? Wo ist Verbitterung, die ich lösen könnte durch meine ausgestreckte Hand? Wo ist Verzweiflung, aus der ich herausführen kann durch meinen eigenen Optimismus? Wo ist ein Mensch, dem ich helfen könnte auf der Suche nach dem Sinn des Lebens?

Ich wundere mich, daß immer wieder Menschen darüber jammern, es fehle ihnen eine Aufgabe, sie hätten nichts Rechtes zu tun, kämen sich selber überflüssig vor. Besonders in Altersheimen höre ich diese Klagen immer wieder.

Wäre das nicht eine Aufgabe, Trost zu spenden durch sein Wort und seine Nähe? Oftmals braucht man nur eine Tür weiterzugehen, um einen Menschen zu finden, der des Trostes bedarf. Niemand sollte sagen: Auf mich wartet niemand. Es warten mehr Menschen auf uns als wir denken.

Es wäre schön wenn ihr Warten nicht vergeblich wäre, weil wir in ihrer Nähe sind.

6. Sei dabei fröhlich!

Eine Zeitlang hatten wir einen Briefträger, der jeden Morgen wie ein Wirbelwind in unser Pfarrbüro hereingerauscht kam und uns die Post in die Hand drückte: strahlend selbst bei miesem Wetter, nie um ein Wort verlegen, sehr zuverlässig und vor allem stets in der Lage, Heiterkeit um sich zu verbreiten. Eines Tages, als ich vor Arbeit ohnehin nicht ein noch aus wußte, brachte er einen besonders dicken Stapel Briefe. Ich muß grimmig dreingeschaut haben und brummte etwas wie: „Oh Himmel, das ist ja schrecklich ...“ Er lachte übers ganze Gesicht, drehte sich im Hinausgehen kurz um und meinte im schönsten Rheinisch: Wär' et dä Kirch' denn lieber, wenn ihr kein Post mehr kricht (= bekommt)?“ Einen Augenblick war ich sprachlos, ich schaute meine Sekretärin an, und wir mußten beide lachen. Der Tag war gerettet. Er hatte ja recht: wir wollen ja gar nicht in Ruhe gelassen werden!

Es ist eine alte Erfahrung: Fröhlichkeit ist ansteckend, und vor allem ist sie imstande, das Eis des Mißmutes zu brechen. Wer je im Krankenhaus gelegen hat, weiß, daß eine fröhlich singende Putzfrau oft mehr für den Kranken tut, als ein finster dreinblickender Doktor oder eine knurrige Schwester. Und es gilt auch: daß der Humor eines Arztes oft mehr vermag als seine Pillen.

Bei den zahlreichen Sitzungen und Konferenzen, an denen unsere Zeit so besonders reich geworden ist, erleben wir es immer wieder: je verbissener Standpunkte verteidigt werden, desto mehr gerät man in die Sackgasse aussichtslosen Debattierens. Dann endlich heitert ein unverdrossener Optimist die düstere Atmosphäre auf ... und dann geht es weiter.

Ich glaube, daß unser Christentum fröhlicher Menschen bedarf, um anziehend zu sein. Halten Sie mir ruhig vor, es sei halt die Theologie des Rheinländers, die so etwas sagen kann. Über 50mal kommt das Wort „fröhlich“ in unserer Bibel vor, etwa 70mal das Wort „Freude“, etwa 60mal das Tätigkeitswort „freuen“. Und der Apostel Paulus in seinem Brief an die Römer sagt ausdrücklich: „Wer Barmherzigkeit übt, sei dabei fröhlich.“ Und meines Wissens war Paulus kein Rheinländer.

Es war ein bitterer Vorwurf an das Christentum, wenn der Philosoph Friedrich Nietzsche sarkastisch forderte, Christen, denen er glauben könne, müßten „erlöster dreinschauen“. Was er kritisierte, waren die Verkniffenheit, in der Christen oft daherkommen, und die sauertöpfischen Mienen, mit denen sie ihre „guten Taten“ vollbringen, sei es im moralischen, sei es im karitativen Bereich.

Immer wieder sind unser Wille und unsere Fähigkeit, fröhliche Christen zu sein, auf die Probe gestellt. Wenn zum Beispiel Ihre Weihnachtsaktionen nur Last für Sie sind, wenn Sie stöhnen, daß Sie schreiben „müssen“ und schenken, dann lassen Sie's doch! Vielleicht wäre es besser, einmal aus dem Advents- und Weihnachtsstreß auszubrechen und etwas anderen zu tun, was *Ihnen Freude* macht. Sie könnten den Empfängern ihrer Pakete oder Weihnachtskarten im Laufe des kommenden Jahres einen Gruß zukommen und sie wissen lassen, daß sie an alle gedacht haben, aber diesmal die Weihnachtszeit gebraucht hätten, um selber etwas zur Ruhe und endlich einmal wieder zur Besinnung zu kommen.

Die „fröhliche Weihnacht“, von der auf vielen Karten die Rede ist, hätten dann Sie, und die Empfänger Ihrer Wohltaten würden im Februar, April oder Oktober etwas von dem „glücklichen Neuen Jahr“ erfahren, das ebenfalls auf mancherlei kombinierten Karten gewünscht wird.

Sie können's, wie ich auch, anders machen: Einen fröhlichen Geber hat Gott lieb, heißt es in der Bibel.

Und das nicht nur zur Weihnachtszeit.

Kennen Sie das nicht auch?

Von den vielen kleinen Steinen, die auf den Feldern unseres Lebens herumliegen

1. In jeder Beziehung ungebunden

„Vorzeigbarer Er, 28 Jahre, 1,85 m groß, 80 Kilo schwer, vielseitig interessiert, sucht adäquate Lebenspartnerin. Alter Nebensache, selber in jeder Beziehung ungebunden“, stand es unter der Rubrik „Kontakte für sie und ihn“ auf der Anzeigenseite einer Zeitung. Ich lese solche Anzeigen ab und zu, weil sie einiges aussagen über die Menschen unserer Zeit und ihre Einstellung zum Leben und zu anderen Menschen. Dieser stattliche, nicht mehr ganz junge Mann, der von sich selber meint, daß seine künftige Partnerin sich in ihrem Bekanntenkreis gut mit ihm sehen lassen kann, hält es für einen bemerkenswerten Vorzug, in „jeder Beziehung“ ungebunden zu sein. Sollte dies stimmen, so würde es heißen, daß er in keiner Partei ist, in keinem Verein, daß er zu keiner Kirche gehört, weder Freunde noch Verwandte besitzt, keinen Beruf hat, der ihn an eine Firma binden würde; es gibt keinen Ort, der ihn festhält, und natürlich: er hat weder eine Frau noch Kinder, denen er verpflichtet wäre. Alles in allem ist er ein bedauernswertes Geschöpf, eine Schmetterlingsnatur, die von Blüte zu Blüte flattert und nur dem Augenblick lebt. Würde er nun mit seinen 28 Jahren endlich den Menschen suchen, der ihm Halt und Geborgenheit schenkt, ich hätte viel Verständnis für ihn, und ich denke, daß es die Frau auch geben würde, mit der er ein gemeinsames Lebes aufbauen könnte. Aber kein Wort deutet darauf hin, daß dieser gutaussehende Endzwanziger nun endlich an eine Bindung auf Dauer denkt. Er möchte seine Bindungslosigkeit offenbar beibehalten, und was er sucht, ist eine Frau, die ihn ein Stück begleitet auf seinem ziel- und planlosen Lebensweg – bis dann die Stunde kommt über die Viktor von Scheffel gesagt hat: „Und was das arme Herz auch sehnt und dichtet, zum Schlusse kommt das Auseinandergehen.“

Es ist offenbar ein besonderes Kennzeichen unserer Zeit,

daß viele Menschen – gerade auch junge Menschen – Angst haben vor Bindungen. Wer Bindungen eingeht, fürchtet seine Freiheit zu verlieren und in Zwänge hineinzugleiten, die sein Leben einengen. Wohl deshalb gibt es eine so große Zahl von sogenannten Partnerschaften, die von vorneherein auf Zeit angelegt sind. Was sich in lässigem Jargon als „Ehe ohne Trauschein" ausgibt, ist in sehr vielen Fällen das Eingeständnis, daß man sich und seinem Partner eine dauerhafte Bindung nicht zutraut und daß man sein Ja zum anderen zurücknehmen möchte, wenn es im Leben miteinander Probleme gibt oder wenn ein anderer Mensch auftaucht, den man noch mehr „mag".

Papst Johannes Paul II. hat während seines Deutschland-Besuches im Jahre 1980, in seiner Predigt zum Thema Ehe und Familie, in Köln jenes Wort gesagt, das inzwischen die Runde um die ganze Welt gemacht hat: daß man nicht auf Probe leben und nicht nur auf Probe sterben könne. Auch nicht nur auf Probe lieben, nur auf Probe und Zeit einen Menschen annehmen. Hinter diesen Sätzen, die uns schon einmal beschäftigt haben, steht die Grundüberzeugung des Christentums gleich welcher Konfession, daß der Mensch als Gottes Ebenbild auf das Du und die Gemeinschaft hin erschaffen ist und daß es zum Wesen des Menschen gehört, daß Mann und Frau sich einander ganz und für immer schenken können – ohne wenn und aber. Bei der Eheschließung in der Kirche fragt der Priester die Brautleute: „Wollen Sie Ihre Frau (Ihren Mann) lieben und achten und ihm (ihr) die Treue halten alle Tage Ihres Lebens, bis der Tod Sie scheidet?" Die jungen Menschen, die auf diese Frage mit ehrlichem Ja antworten, wissen so wenig wie andere, was das Leben an Problemen und Herausforderungen bringt, aber eines wissen sie: daß ein Mensch neben ihnen steht, der sich gebunden weiß an ein Wort, das er vor Gott und den Menschen gegeben hat. Für ihn ist Liebe nicht nur ein Wort für flüchtiges Einvernehmen, sondern das Ja zu einem Du, an das man sich unwiderruflich binden möchte. Und diese endgültige Liebe und

Treue machen die Ehe zu einem Hort der Menschlichkeit, der Wärme und Geborgenheit.

Der „vorzeigbare" 28jährige, der seine Partnersuche per Zeitung fortsetzt und allen Bindungen aus dem Weg gehen möchte, wird eines Tages ein unausstehlicher alter Nörgler sein, dem sein Egoismus nur eines mit Sicherheit einbringt: eine entsetzliche Einsamkeit, die er kaum ertragen kann. Ich warne ihn – und heute schon tut er mir leid.

2. Lauter komische Käuze

Thomas Mann hat in seinem großen Roman „Die Buddenbrocks“ auch einen Schultag *Hanno* Buddenbrocks geschildert. Es werden dort fünf oder sechs Lehrergestalten gezeichnet, die nach heutigen Maßstäben allesamt reichlich skurril und komisch wirken. Als Thomas Mann zur Schule ging, ist offenbar kein halbwegs normaler Mensch Lehrer geworden. So standen ihm als Vorbilder für seine Romanfiguren nur Leute zur Verfügung, die reichlich verschroben waren. Vor kurzem fiel mir ein Buch in die Hände, in dem Schulgeschichten von 34 namhaften Autoren aus zwei Jahrhunderten gesammelt sind. Bei der Lektüre des Buches fiel mir auf, daß auch dort die Mehrzahl der Lehrergestalten recht sonderbare Käuze sind. Wenn ich nun an meine eigene Schulzeit zurückdenke, so muß ich sagen, daß es sicherlich einige originelle Gestalten unter unseren Lehrern gegeben hat. Aber später bei unseren regelmäßigen Klassentreffen, als wir die Lehrer von einst in eher freundschaftlicher Runde näher kennenlernten, stellten wir fest, daß keiner von ihnen ein wirklich absonderlicher Kauz oder gar ein Spinner gewesen wäre. Wie kommt es dann, daß die Lehrergestalten in der Erinnerung vieler älterer Menschen, keineswegs nur der Literaten, so eigenartig verschrobene Züge annehmen? Ich glaube, es hängt zusammen mit der Distanz, die früher zwischen den Lehrern und ihren Schülern herrschte. Ein bestimmter Autoritätsbegriff schien zu verlangen, daß der Lehrer ganz und gar nur Amtsperson war, der auf seiner pädagogischen Bühne eine bestimmte Rolle spielt. Als Menschen konnte und sollte man ihn gar nicht kennenlernen. Für einen Pfarrer gilt ähnliches. Auch wir Geistliche werden in Filmen und Büchern und Fernsehstücken reichlich oft als komische Figuren dargestellt. Der Grund ist vermutlich der gleiche: Man erlebt den Geistlichen meist aus der Distanz und fast immer nur als Amtsträger, kaum als seinesgleichen und ganz normalen

Menschen. Man kann weitere Beispiele anführen: den Ärzten in den Arzt-Romanen ergeht es genauso. Es gibt bestimmte Klischees und Vorurteile, die man irgendwann übernommen hat und dann auf andere Menschen überträgt. Eine gewisse Trivial-Literatur lebt von solchen Klischee-Figuren, mögen sie Ärzte sein, Pfarrer, Förster oder Grafen. Und man tut sich um so leichter mit seinen Vorurteilen, je weniger man die Menschen, die von ihnen betroffen sind, wirklich kennt.

Auch das Umgekehrte gilt: Wenn ich einen Menschen wirklich kennenlerne, so werde ich zu einem Urteil über diesen Menschen kommen und auf Vor-Urteile, Urteile also, die man von anderen übernommen hat, nicht mehr angewiesen sein. Im Umgang mit den Menschen und vielleicht auch, wenn wir in uns selber hineinschauen, entdecken wir allerdings, daß es unendlich viele Vorurteile gibt, die hartnäckig weiterexistieren, obwohl man sich durch eigene Information und durch Interesse für einen anderen Menschen, selber ein Urteil bilden könnte, das dem Vorurteil genau entgegensteht. Da werden Bevölkerungsgruppen, einheimische oder ausländische mit einem Stempel versehen, und ehe man mit einem der Abgestempelten auch nur ein Wort gesprochen hat, weiß man schon wie sie sind: „die" Katholiken, „die" Türken, „die" Beamten, „die" Langhaarigen, „die" Juden, „die" Amerikaner und so weiter ... Nicht eigene Erfahrung mit konkreten Menschen, sondern Vorurteile sind in aller Regel die Grundlage von Diskriminierung, jenem Hochmut, der andere herabsetzt und verdächtigt, einfach weil sie zu einer bestimmten Gruppe gehören. In seiner Erklärung über das Verhältnis der Kirche zu den nichtchristlichen Religionen hat das II. Vatikanische Konzil ein sehr ernstes Wort gesagt, das nicht nur uns Katholiken ins Stammbuch geschrieben ist: „Wir können Gott, den Vater aller, nicht anrufen, wenn wir irgendwelchen Menschen, die ja nach dem Ebenbild Gottes geschaffen sind, die brüderliche Haltung verweigern ... deshalb verwirft die Kirche jede Diskriminierung eines Menschen oder jeden Gewaltakt gegen ihn um seiner Rasse oder

Farbe, seines Standes oder seiner Religion willen, weil dies dem Geiste Christi widerspricht."

Aber es genügt wohl nicht, wenn solche Sätze in offiziellen kirchlichen Dokumenten stehen. Zufrieden sein können wir erst dann, wenn unter denen, die Christen sein wollen, ein ständiges Bemühen erkennbar ist, Vorurteile abzubauen, indem sie auf andere Menschen zugehen und versuchen, sie zu verstehen. Je fremder uns ein Mensch ist, desto schwerer ist es, ihn zu lieben. Und das sollen wir Christen ja wohl.

3. Der Zauberschlüssel: Das Gebet

Wenn in unserem Bekanntenkreis jemand eines plötzlichen Todes stirbt, dann sagen viele, wenn sie den ersten Schrecken der Todesnachricht überwunden haben: so möchten sie auch sterben. Die meisten von uns haben Angst vor langer Krankheit. Nicht nur wegen der Schmerzen, sondern auch deshalb, weil man kein Pflegefall sein und anderen nicht lästig werden möchte. Aus meiner Erfahrung als Seelsorger, der nicht ganz selten an den Betten sterbenskranker Menschen steht, muß ich Ihnen sagen, daß eine längere Zeit des Krankseins sehr wichtig sein kann für einen Menschen, weil er in ihr zu einer oft erstaunlichen Reife gelangt. Nicht jeder ist stark und belastbar genug, daß die Ärzte oder die Angehörigen ihm die Wahrheit über seinen Gesundheitszustand sagen können. Aber es gibt Menschen, die mit der Wahrheit leben können, daß sie bald schon diese Welt verlassen müssen. Am ehesten sind gläubige Menschen in der Lage, dem Tod ins Auge zu sehen und bewußt auf die letzte Stunde zuzugehen. Im Jahr 1940 starb in Münster der Philosoph Peter Wust, dessen Metaphysik der menschlichen Daseinsunruhe und dessen fesselnde Darstellungen der abendländischen Geistesgeschichte viele Studenten tief beeindruckt und angeregt haben. Peter Wust gehört zu den Menschen, die vor ihrem Tode ein langes Schmerzenslager ertragen mußten. In dieser Zeit hat er ein Abschiedswort an seine Schüler geschrieben, das tiefen Eindruck macht auf jeden, der es liest. Es heißt dort: „Und wenn Sie mich nun fragen sollten, bevor ich jetzt gehe und endgültig gehe, ob ich nicht einen Zauberschlüssel kenne, der einem das letzte Tor zur Weisheit des Lebens erschließen könne, dann würde ich Ihnen antworten: Jawohl! – Und zwar ist dieser Zauberschlüssel nicht die Reflexion, wie Sie es von einem Philosophen vielleicht erwarten möchten, sondern das Gebet. Das Gebet als letzte Hingabe gefaßt, macht still, macht kindlich, macht objetiv ... Die großen Dinge des Daseins werden nur den betenden Geistern geschenkt. Beten lernen kann man am besten im Leiden ..." Diese Worte sind deshalb so eindrucksvoll, weil sie das Vermächtnis eines Mannes sind, der im Angesicht seines herannahenden Todes seinen Schülern etwas weitergeben wollte, was für sein eigenes Leben wichtig und bestimmend war. Bischof Reinhard Lettmann von Münster hat im Leipziger Hedwigsblatt einmal die Formulierung gebraucht: „Zeiten des Gebetes sind Fenster in den Mauern des Alltags. Sie helfen uns, unser Leben im weiten Horizont Gottes zu sehen und lassen zugleich von Gott her Licht in unseren Alltag fallen." – Wenn manche Menschen dagegenhalten, für sie sei Beten eher eine Last, weil sie ein Du ansprechen, das ihnen keine Antwort gibt, so sprechen sie eine Erfahrung an, die tatsächlich jeder Beter immer wieder machen muß. Aber gibt es nicht auch sonst im menschlichen Leben den Trost eines Sprechens zu einem, der mir zuhört, ohne daß er mir gleich mit einem Wortschwall in die Parade fährt? Und gibt es nicht das wortlose Verweilen zweier Menschen beieinander, die sich verstehen und deshalb des Redens nicht bedürfen? Es gibt die alte Geschichte von dem alten Bauern, der täglich eine lange Zeit in der Kirche zubrachte und für sich allein betete. Leute, denen sein inniges Gebet imponierte, fragten ihn, was er denn bete. Und er gab ihnen zur Antwort: „Nichts. Ich schaue auf den Herrn am Kreuz. Er schaut mich an, und ich schaue ihn an. Das genügt." Im übrigen ist es keineswegs so, als hülle Gott sich nur in undurchdringliches Schweigen. Er spricht zu uns in seiner Schöpfung, in jedem Sonnenstrahl und in jedem Lächeln eines Kindes; er spricht zu uns durch die Worte der Heiligen Schrift; er läßt sich hören in den Anforderungen unseres Lebens und nicht zuletzt: in der Begegnung mit den anderen Menschen.

Es gilt das Wort Jesu: Was ihr dem geringsten meiner Brüder getan habt, das habt ihr mir getan. Auf den Gipfeln und in den Tälern unseres Lebens, in Stunden besonderen Glücks oder tiefster Niedergeschlagenheit, fällt das Beten nicht sonderlich schwer. Schwerer, aber auch wichtiger ist das regelmäßige Gebet im Alltag, wenn wir eingespannt sind in hunderterlei Verpflichtungen und von morgens bis abends funktionieren müssen. Aber kennen Sie das nicht auch: Wenn man mitten drin steckt in seiner Arbeit und plötzlich ruft ein lieber Mensch an oder der Postbote bringt uns den Kartengruß eines Freundes, dann empfinden wir es nicht als Störung, und die kurze Unterbrechung unseres hektischen Tuns ist keine Last. Es erscheint uns, als sei an einem trüben Tag ein Sonnenstrahl in unser Zimmer gefallen und habe es für Sekunden heller gemacht. Und so kann es auch sein mit dem Gebet inmitten eines Werktages. Probieren Sie's aus!

4. Wenn ich noch einmal zu leben hätte ...

Wenn jemand seinen 80. oder gar 90. Geburtstag feiert und dabei einigermaßen rüstig ist, dann pflegen die Gratulanten meist zu fragen, ob es ein Rezept gebe, wie man so alt werden und dabei so gesund bleiben könne. Und dann kommen die Rezepte, die allesamt nichts taugen. Der eine erwähnt, daß er jeden Tag zwei Schnäpse getrunken habe, die für ihn die beste Medizin gewesen seien, und so sei er 90 Jahre alt geworden. Der andere beteuert, daß er seit 50 Jahren überhaupt keinen Schnaps mehr angerührt habe, und das habe ihn so jung gehalten. Ein dritter schwört auf Knoblauch, ein vierter auf seine Rohkost. Und wenn Sie und ich es nachmachen, werden wir vielleicht trotzdem nur 75 Jahre alt. Aber dieses Fragen nach einem Rezept scheint zum Ritual hoher Geburtstage zu gehören. Wenn einer 50 oder 60 Jahre alt wird, kommt mit fast der gleichen Wahrscheinlichkeit eine andere Frage. Unser Geburtstagskind hat eine Anzahl von Lebenserfahrungen gemacht, aber er hat nach menschlichem Ermessen auch noch einiges vor sich. Und so fragen die Freunde: Wenn du noch einmal zu leben hättest, würdest du alles genauso machen oder anders? Es gibt Leute, die dann ohne Zögern antworten: ich würde alles genauso machen. Es sind die, die Glück hatten im Leben, es zu etwas gebracht haben, mit sich selbst und ihrer Umgebung im reinen sind, Menschen, die das Leben so nehmen, wie es ist, und die genau wissen, daß „anders machen" noch nicht heißt „besser machen". Andere sehen ihr Leben als eine Summe verpaßter Chancen und beteuern deshalb, sie würden vieles anders machen und natürlich besser.

Wenn wir tatsächlich zwei Leben führen könnten, das erste auf Probe, und das zweite dann endgültig, dann würden wir alle Lebenserfahrungen des ersten Lebens mitbringen als geistiges Startkapital für das zweite Leben und dann könnten wir vieles vielleicht besser machen als beim ersten Mal. Aber so geht es wohl nicht. Wenn ich die 50 Jahre meines Lebens noch einmal zu durchmessen hätte ohne die Erfahrungen, die ich jetzt habe, aber mit den gleichen Charaktereigenschaften, die mir in die Wiege gelegt sind, und mit dem gleichen bißchen Verstand, das ich habe, wahrscheinlich würde vieles nicht sehr viel anders laufen.

In einer Zeitung war die Antwort einer amerikanischen Ordensfrau, Schwester Ruth Brannan, abgedruckt, die sie auf die Frage gegeben hat, was sie tun würde, wenn sie noch einmal von vorne zu beginnen hätte. Unter anderem sagte sie: „Wie Sie sehen, bin ich eine von jenen Zeitgenossen, die vorsorglich, vernünftig und gesund leben. Stunde für Stunde, Tag für Tag. Gewiß, ich habe meine verrückten Augenblicke, aber wenn ich noch einmal von vorne anfangen könnte, würde ich mehr solcher verrückter Augenblicke haben, genau gesagt: Ich würde weniger vorausplanen, mehr dem Zufall überlassen. Wissen Sie, ich bin eine von denen, die für alle Fälle Thermometer, Wärmflasche, Regenmantel und Fallschirm bei sich tragen. Könnte ich ein zweites Leben leben, ich würde all den Kram daheim lassen, würde in aller Herrgottsfrüh barfuß auf die nassen Wiesen laufen, würde Karussell fahren – und Sie würden mich nicht mehr herunterkriegen." –

Ein bißchen merkwürdig solche Worte im Mund einer frommen Nonne. Aber hat sie nicht recht mit dem, was sie da plötzlich gemerkt hat: daß es unser Leben keineswegs leichter, eher schwieriger macht, wenn wir alles selber planen und für alle Eventualitäten Sicherungen einbauen lassen. Ihr ist aufgegangen, daß zum Christsein immer und vor allem ein Stück Gottvertrauen gehört. Jesus hat seine Jünger ermuntert, zu einer solchen Unbekümmertheit aus dem Glauben an den Vater im Himmel, der für uns sorgt: „Seid also nicht ängstlich besorgt und sagt nicht, was sollen wir essen? was trinken? womit uns kleiden?... Euer himmlischer Vater weiß ja, daß ihr das alles braucht. Suchet zuerst das Reich Gottes und seine Gerechtigkeit, und das alles wird euch hinzugegeben werden". –

Es ist ganz sicher vertane Zeit, sich Gedanken zu machen, was ich wohl tun würde, wenn ich noch einmal zu leben hätte. Jeder hat nur ein Leben. Aber dieses Leben geht für die meisten von uns noch eine gewisse Weile weiter. Fragen wir uns lieber, was ich tun werde, nachdem ich mir in Erinnerung gerufen habe, daß Gott meinen Lebensweg weiterhin begleiten wird. Sicher kann niemand von uns „mit seinen Sorgen sein Leben auch nur um eine Spanne verlängern", aber eines sollten wir: in unserem Leben ein wenig Platz machen für das Wirken unseres Vaters im Himmel.

5. Das Problem der kleinen Steine

Ein junger Mann, den ich zwei Jahre zuvor kennengelernt hatte in einem Gespräch vor der kirchlichen Trauung, bat mich um einen Termin. Er habe ein Problem mit mir zu bereden. Als er kam, wirkte er sehr gedrückt. Ich merkte, daß es etwas gab, was ihn sehr belastete: Und dann kam es: Er hatte auf einer Dienstreise – ein Jahr nach seiner Heirat – seine Frau mit einer anderen betrogen, die er kurz zuvor kennengelernt hatte. Ein Jahr war das nun schon her, und es war ein einmaliger Fehltritt geblieben. Seine Ehe, so meinte er selbst, sei glücklich, er liebe seine Frau – aber gerade deshalb empfinde er seinen Ehebruch als eine besonders schlimme Verfehlung. Mir fiel ein, daß es eine kurze Geschichte aus der Feder des russischen Dichters Leo Tolstoi gibt, in der ein ähnliches Problem angesprochen wird. Es wird dort erzählt von zwei Frauen, die zu einem lebenserfahrenen Greis kamen und ihn um Rat und Beistand baten. Die eine hatte in jungen Jahren einen Ehebruch begannen. Sie hielt sich für eine große Sünderin und konnte seitdem keinen Frieden finden. Die zweite Frau kam wohl nur zur Begleitung mit. Sie war sich keiner Verfehlung bewußt und meinte deshalb, daß ihre Ehe ganz in Ordnung sei. Der alte, weise Mann schickte die beiden Frauen hinaus auf's Feld. Die erste sollte einen Stein suchen und herbeibringen, so groß wie sie ihn tragen könne. Die zweite, die sich keiner Sünde bewußt war, sollte kleine Steine sammeln. Auch sie, soviel sie tragen konnte. Die beiden Frauen taten, was der Alte von ihnen verlangt hatte: die eine kam mit einem großen, die andere mit einem Korb voll kleiner Steine. Beide wurden aufgefordert, ihre Steine zurückzutragen und sie genau dort hinzulegen, wo sie sie gefunden hatten. Für die Frau mit dem einen großen Stein war das kein sonderliches Problem. Sie wußte die Stelle noch, von wo sie ihn weggenommen hatte. Die zweite hingegen konnte sich natürlich nicht erinnern, wo sie all die kleinen

Steine aufgehoben hatte und kehrte mit dem Korb zu dem Greis zurück, ohne die Anweisung ausgeführt zu haben. Dieser nun erklärte den Frauen, daß es so auch mit den Sünden sei. Die Frau habe den großen Stein mühelos an seinen früheren Platz legen können, weil sie sich erinnerte, woher sie ihn genommen habe. Die andere Frau konnte natürlich nicht mehr wissen, wo sie all die kleinen Steinchen aufgelesen hatte. Die Frau, die sich einer großen Sünde bewußt war, habe an ihre Verfehlung immer gedacht, habe Gewissensbisse verspürt und so für ihre Sünde gebüßt. Die andere mit ihrem Korb voll kleiner Steinchen, sei sich nie einer besonderen Verfehlung bewußt geworden, und so habe sie sich immer tiefer in die eigene Schuld verstrickt. Tolstoi schließt seine Geschichte mit dem Satz: „Wir alle sind Sünder und werden alle zugrunde gehen, wenn wir uns unserer Schuld nicht bewußt werden und keine Reue über sie verspüren". –

Ich habe dem jungen Mann, der sich mit dem großen Brokken seiner ehelichen Verfehlung abschleppte, diese Geschichte erzählt und ihm gesagt, daß Reue sehr wohl wieder gut machen könne, was er in einer Stunde menschlicher Schwachheit falsch gemacht habe. Und dann habe ich hinzugefügt: Passen Sie jetzt auf, daß sie nicht die Rolle der zweiten Frau übernehmen, die es nie mit diesem einen dicken Brocken zu tun hatte, deren Problem aber die vielen kleinen Steine sind. Und ich bin sicher, daß es für die meisten von uns das Problem der kleinen Steine gibt. Es sind die kaum beachteten Verfehlungen im alltäglichen Umgang mit anderen Menschen. Manchmal sind es nur unbedachte Worte, die einen anderen tief verletzen. Sehr oft ist es Gleichgültigkeit, die alles für selbstverständlich nimmt und nie ein Wort oder eine Geste des Dankes findet. Ein andermal ist es das Sich-Abschotten vor dem anderen: „Laß mich in Ruhe, ich bin so müde." Es sind viele kleine Steine, die da auf den Feldern unseres Lebens herumliegen! Sie fortzuschaffen ist mühsamer als der Rücktransport des einen großen Steines. Und die Last der vielen kleinen Steine kann genau so groß sein und so drückend werden wie die des großen Felsstückes. Und was die Ehen angeht, so gehen sie, wenn sie zerbrechen, meist nicht an der einmaligen Verfehlung eines Partners zugrunde, sondern weil die Last der kleinen Steinchen zu groß geworden ist. Vielleicht sollte mancher sich heute einmal bücken und eines dieser Steinchen beiseite schaffen.

6. Zur Freundschaft ist er wie geboren ...

Die beiden uns geläufigen Worte „Utopie“ und „utopisch“ sind hergeleitet von dem gleichnamigen Roman des Engländers Thomas Morus, in dem dieser 1516 die politischen und sozialen Verhältnisse seiner Zeit kritisierte und ein Idealbild eines auf Gemeinbesitz aufgebauten Staates entwarf. Dieser Thomas Morus wird in der katholischen Kirche als Heiliger verehrt, und seine Persönlichkeit wirkt bis heute faszinierend auf viele. Mit 23 Jahren war Thomas Anwalt in London. Mit 25 begann er seine politische Laufbahn und wurde Mitglied des Parlaments. Zeitlebens war Thomas an der Geisteswelt der Antike besonders interessiert, und so kam er in Verbindung mit dem großen Humanisten Erasmus von Rotterdam. Aus der Begegnung entwickelte sich eine enge Freundschaft. In einem Brief an den deutschen Humanisten Ulrich von Hutten schrieb Erasmus im Jahre 1519 über seinen Freund Thomas: „Immer sieht er freundlich und gutgelaunt aus. Es ist, als sei ihm ständig zum Lachen. Wirklich, munteres Scherzen scheint ihm mehr zu liegen als ernsthaftes und würdiges Gebahren. Von Jugend an hatte er solche Freude am Spaßmachen, daß man sagen könnte, er sei dazu geboren ... Die Art wie er sein Hauswesen leitet, ist auf einen heiteren Ton gestimmt. Szenen kennt man hier nicht, auch nicht Zank und Streit ...“ Daß Erasmus diese Charakteristik seines Freundes nicht etwa abschätzig meint, ergibt sich aus dem nächsten Satz: „Zur Freundschaft ist er wie geboren und geschaffen. Während er sich um seine eigenen Interessen fast zu wenig kümmert, sorgt er sich um so intensiver um seine Freunde. Kurzum, wer ein Musterbild echter Freundschaft sucht, findet es in Morus.“ Wir alle kennen die Klagen vieler unserer Mitmenschen, daß echte Freundschaften, in denen wirklich einer für den anderen da ist, selten geworden seien. Weshalb wohl? Es ist sicher richtig, daß dauerhafte Freundschaft einem nicht so mir nichts dir nichts in den Schoß gelegt wird. Freundschaft setzt voraus, daß einer sich dem anderen öffnet und ihn Anteil nehmen läßt an seinem eigenen Leben, Denken und Wollen. Und vor allem bedarf es der Geduld. Wenn Freundschaften selten geworden sind, so hat dies zwei Gründe. Ich sprach darüber. Vielen Menschen fehlt es an der Bereitschaft, sich aus ihrer Verkapselung zu lösen und anderen Einblick zu geben in die Tiefen des eigenen Herzens. Man beruft sich auf schlechte Erfahrungen, die man gemacht habe mit Leuten, die das Vertrauen, das man ihnen geschenkt hat, mißbraucht hätten. Der zweite Grund ist unser Mangel an Geduld. Unser Lebensrhythmus heute ist auf Tempo eingestellt. Wir sind gewohnt an schnell gestanzte Produkte industrieller Massenfertigung. Selbst die Blumen in unseren Vasen sind nicht mehr gewachsen im ereignisreichen Auf und Ab der Natur, sondern hochgepäppelt mit Dünger und künstlichem Licht und in einem Klima, das von Computern gesteuert wird. Keiner findet es so recht gut, was dabei herauskommt. Es gibt ganz offensichtlich ein Unbehagen an dieser Welt, die wir uns geschaffen haben. Können wir's ändern?

Wahrscheinlich müssen wir anders fragen: Wollen wir's ändern? Wir müssen dann einige Steine auf den Feldern unseres Lebens beiseite schaffen: Mißtrauen, Hektik, Vorurteile, Egoismus und diese verfluchte Selbstsicherheit der „Macher", die alles können und nichts schaffen.

In der Amtsstube eines Beamten sah ich den dummen Spruch an der Wand: „Seit ich die Menschen kenne, liebe ich die Tiere." Ich habe meine „Angelegenheit" (wie es so schön heißt) erledigt und dann kopfschüttelnd auf das Schild gewiesen und dem Herrn gesagt: „Wissen Sie, ich sehe das anders: Seit ich die Menschen kenne, liebe ich die Menschen." Er sah mich skeptisch an und wollte wissen: „Und welche Erfahrungen haben Sie gemacht?" – Ich habe etwas nachgedacht und ihm dann gesagt: „Ich habe einige wirklich gute Freunde." Nun zuckte er mit den Schultern und sagte etwas brummig „guten Morgen".

Ich hab' da 'mal 'ne Frage

Gespräch mit einer Fünfzehnjährigen
über unseren Glauben

1. Was mach' ich, wenn ich Zweifel habe?

Auf ihren Fahrten durch die Pfarreien ihrer Diözesen sprechen die Bischöfe immer wieder auch mit Kindern. Gefragt, ob sie nicht auch einmal einen Wunsch an ihren Bischof hätten, baten 1979 einige Kinder aus dem Erzbistum Köln Kardinal Höffner, er solle einmal einen Brief an die Kinder schreiben. Die Hirtenbriefe an die Erwachsenen, so sagten sie, könnten Kinder meist nicht verstehen. Das Ja eines schnell gegebenen Versprechens erwies sich als gar nicht so einfach. Seither aber schreibt der Kardinal alljährlich an die Kinder seiner Diözese. Er lud sie bei seinem ersten Kinderhirtenbrief sogar ein, ihm doch zurückzuschreiben. Viele Kinder taten es, und alle erhielten eine Antwort. Ein wenig später durfte ich diese Briefe einmal lesen. Dabei fiel mir der Brief einer 15jährigen Schülerin besonders auf. Es sind Fragen, über die es sich nachzudenken lohnt.
Ursulas erste Frage lautete:

„Ich gehe jeden Donnerstag in einen Bibelkreis. Wir lesen aus der Bibel und besprechen und diskutieren die aufkommenden Fragen. Es ist sehr interessant, und es ist ein schönes Hobby. Ich finde Religion sehr interessant, aber manchmal schwer zu verstehen. Manchmal zweifle ich an Gott. Ist das schlimm? Ist es eine Sünde?"

Ursulas Frage begegnet jedem Seelsorger immer wieder. Es ist die Frage vieler Jugendlicher und vieler Erwachsener. Wohl jeder Mensch hat mit Zweifeln zu tun. Allerdings nicht nur im Bereich des Religiösen, sondern in jedem Bereich des menschlichen Lebens. In der Freundschaft, in der Liebe, in der Ehe, im Beruf, im Ablauf von Geschäften und politischen Abmachungen, ja sogar im Nachdenken über sich selbst und das eigene Leben – überall gibt es Zweifel: Wie wahr ist das, was ein anderer gesagt hat? Wie wahr ist das, was ich selbst gesagt habe?

Wenn das Zusammenleben der Menschen nicht zur Hölle

werden soll, so müssen wir von einer Voraussetzung ausgehen, die ein seelisch gesunder Mensch für sich selbst ständig in Anspruch nimmt: Was einer sagt, ist zumindest gut gemeint. Wenn ein Mensch abweicht von dem Ja, das er gesprochen hat, so muß dies nicht Bosheit sein. Es kann ein Mangel an Einsicht sein in bestimmte Verhältnisse oder auch in die Weise meines Denkens. Vielleicht bin ich schuld, daß er mich nicht oder nicht mehr versteht. Vielleicht habe ich zuviel verlangt, weil ich mich in das Netz eigener Erwartungen eingesponnen habe und nun wie eine Spinne nur noch auf Opfer laure: auf die Fehler des anderen, der sich im Netz meiner Gedankengänge fangen soll. Vielleicht ist es mein Fehler, einen anderen – und sei es Gott selber – nur als Spinne eingestuft zu haben: als dieses Wesen, das nach meinem Leben trachtet und mich aussaugen will.

Ich glaube, daß der erste Schritt, eigene Zweifel zu überwinden, die eigene Ehrlichkeit sein muß, die niemals am Ende ist, sondern sich immer neu auf die Suche macht. Das ganze Alte Testament, der erste Teil unserer Bibel, und das ganze Leben Jesu sind die Geschichte des Suchens Gottes nach dem Menschen. Wir sind eingeladen, uns an diesem Suchen zu beteiligen. Als Diplomat in Tientsin hat der später als Schriftsteller weltbekannt gewordene Paul Claudel einem jungen, fragenden Menschen geschrieben: „Die Bekehrung ist stets weniger die Wirkung eines einzigen großen Sieges als einer langen Reihe von ganz kleinen Anstrengungen." Dies gilt ebenso für unser Leben mit den Menschen wie für unseren Umgang mit Gott. Jeder Zweifel ist eine Einladung, über uns selbst und die eigene Ehrlichkeit nachzudenken.

2. Ich weiß gar nicht so recht, wie man das macht …

Auch jetzt ist es die in einem Brief formulierte Frage der 15jährigen Schülerin Ursula, die uns zum Nachdenken einlädt. Sie lautet:

„Manchmal frage ich mich: Was ist eigentlich der Sinn des Lebens?

Ich glaube, die Antwort ist: andere Menschen glücklich zu machen, indem man ihnen hilft, sein eigenes Leben für andere hergibt und somit sich das ewige Leben verdient. Ich finde das sehr schwierig, und ich weiß gar nicht mal so recht, wie man das macht, sein eigenes Leben für andere hergeben. Das hört sich auch schon so schwierig an.

Für Jesus war es sicherlich auch schwer. Ich wüßte gar nicht, wie ich an einer solchen Situation handeln würde."

Eine erste Antwort hat Ursula selbst gegeben: Antwort auf die vielleicht bewegendste aller Fragen, die von Menschen gestellt werden kann: was der Sinn des menschlichen Lebens sei. Was Ursula dazu sagte, hat vor ihr der berühmte Wiener Psychiater und Psychotherapeut Viktor Emil Frankl geschrieben, der in Lexika als Begründer der Existenzanalyse genannt ist. Er schrieb: „In dem Maße, in dem wir uns vergessen und übersehen, im Dienst an einer Sache oder in der Liebe zu einer Person … in dem Maße werden wir menschlich und verwirklichen uns selbst." Ursulas erste Frage läuft jedoch auf eine zweite, nicht minder wichtige hinaus: Wie macht man das, diese so eingängigen, schönen Sätze einer Antwort in sein eigenes Leben zu übersetzen? Es hört sich eine solche Forderung des Christentums nicht nur schwierig an. Sie ist schwierig! Es ist *die* Schwierigkeit christlichen Lebens. Jesus hat wirklich gesagt, daß es die höchste Form der Liebe sei, sein Leben für seine Freunde hinzugeben. Und wer das Neue Testament liest, wird überdies zur Kenntnis nehmen müssen, daß wir – Ursula hat völlig recht – alle Menschen als Freunde betrachten sollen. Aber recht hat sie auch, wenn sie meint, dies sei schwer. Und wenn sie schreibt: „Für Jesus war es sicherlich auch schwer." Jesus Rufen am Kreuz: „Mein Gott, warum hast du mich verlassen?", war eine Frage nach den Menschen, die ihm einmal Treue versprochen hatten. Nicht sein Vater im Himmel hatte ihn verlassen, sondern die Zusage, die Menschen ihm einmal gegeben hatten, erwies sich als brüchig.

Und dies ist wohl das eigentliche Problem, das Christen beschäftigen muß: In einer Stunde der Begeisterung sagt man vieles. Und viele meinen, es sei menschlich, dieses Versprechen eines Tages zurückzunehmen. Ich fände es besser, wenn wir Worte zurücknehmen würden, die in Stunden der Enttäuschung zwischen Menschen gewechselt werden. Ich habe als Priester oft genug zwischen Eheleuten gesessen, die sich anbrüllten: „Jetzt kenne ich dich ..." Aber dies war falsch. Sie kannten sich aus viel besseren Tagen: in denen sie sich ihre Liebe versprochen haben. Das war ernst, ehrlich ... das waren sie selbst. Das war das Ja des Menschen zu einem Du.

Es wird – solange wir leben – auch diese andere Frage geben: ob ein Mensch zu einem Du Nein sagen soll. Als Christen vertrauen wir darauf, daß Gott sein Ja zum Menschen nicht zurücknimmt. Er ist der Vater, der auch den verlorenen Sohn wieder aufnimmt. An jedem Tag geschieht das.

Ursula meinte: „Ich wüßte gar nicht, wie ich in einer solchen Situation handeln würde ..." Es gibt viele Situationen unseres Lebens, die sich nicht in ihren Einzelheiten vorausberechnen lassen. Aber es gibt auch ein gewisses Maß an Selbstvertrauen, das möglich wird, wenn man sich klar gemacht hat, daß Gott mit uns ist. Wir brauchen uns den Weg zum Menschen nicht selber auszudenken: Wir sollten versuchen, Jesus auf seinem Weg zu den Menschen zu begleiten und einzugehen auf ihre Sehnsucht nach Verständnis und Liebe.

3. Angst ist ein schreckliches Gefühl

Es ist gewiß nicht wenig, was das Christentum dem Menschen abverlangt an Bereitschaft, sich offen zu halten für die Stimme Gottes und den Anruf des Nächsten. Selbst große Heilige, zu denen wir bewundernd aufschauen, haben oftmals eingestanden, daß sie nur einen Teil dessen zustandegebracht haben, was Gott von ihnen erwarten konnte. Jeder von uns, der gelegentlich nachdenkt über sein Leben und für sich selbst die Bilanz seiner guten Taten zu ziehen versucht, wird zugeben müssen: Es gibt viele Halbheiten in unserem Leben, und manches hätte besser sein können bei etwas mehr an gutem Willen und etwas weniger an Egoismus. Was die 15jährige Ursula beschäftigt, ist die Frage vieler Menschen:

„Manchmal denke ich, ich bin ein Feigling und würde es nie schaffen, ein wirklich guter Christ zu sein. Ich habe viel zu viel Angst davor. Was soll ich denn dagegen machen? Angst ist ein schreckliches Gefühl."

Die Angst, von der Ursula spricht, ist gewiß nicht das Zittern eines Menschen vor dem furchterregend-strengen Weltenrichter, der im Buche unseres Lebens jedes Versagen unerbittlich vermerkt hat. Die Angst, die von manchen Philosophen als eine Grundbefindlichkeit des heutigen Menschen bezeichnet wird, kommt in den seltensten Fällen aus der bangen Frage „wie schaffe ich mir einen gnädigen Gott". Von Zorn und Strafen Gottes, von Gericht und ewiger Verdammnis ist heute selten die Rede, auch nicht auf den Kanzeln. Die Angst, die von den Menschen empfunden wird, ist vielmehr eine Angst vor uns selbst und der eigenen Begrenztheit. Die Hoffnung derer, die am Anfang des technischen Zeitalters gemeint hatten, nun sei es möglich, Schritt um Schritt ein Paradies auf Erden aufzubauen, ist zerplatzt wie eine Seifenblase. Zwei Zeitungen und eine Viertelstunde Tagesschau genügen, um uns die Illusion von paradiesischen Zuständen auf unserer Erde zu rauben. Und mit immer neuem Erschrekken müssen wir zur Kenntnis nehmen, welche Abgründe menschlicher Bosheit sich unentwegt auftun. Es trifft zu, was Kardinal Höffner in seiner christlichen Gesellschaftslehre schreibt: „Die Angst ist dem Menschen auch in der Wohlstandsgesellschaft nicht fern. Sie wacht mit ihm, sie schläft mit ihm.“ Und sicher hat Ursula recht: Die Angst ist ein schreckliches Gefühl.

Bleibt die Erkenntnis eigener Begrenztheit und Ohnmacht sich selbst überlassen, so gibt es nur noch einen weiteren Schritt: aus der Angst in die Verzweiflung. Das Christentum möchte den Menschen vor dieser Verzweiflung bewahren. Es möchte – so hieß vor Jahren das Motto des Freiburger Katholikentages – Zukunft und Hoffnung geben. Diese Hoffnung gründet in der Überzeugung, daß wir nicht allein gelassen, sondern als Kinder Gottes an die Hand des Vaters genommen sind, der uns vor dem Sturz in den Abgrund bewahrt. Kardinal Höffner in dem genannten Buch sagt es: „Die Angst kann nur durch die Nähe eines Liebenden überwunden werden. Der große Liebende aber ist Gott selber, der uns nicht für das Unheil, sondern für das Heil erschaffen hat.“

Ob *wir* es schaffen, gute Christen zu werden, hängt zunächst einmal ab von dem Maß unseres Gottvertrauens. Eine Tierfabel erzählt von einem Spatz, der auf dem Rücken lag, die Beine nach oben gestreckt. Ein anderer Spatz fragt ihn, was das soll. Er bekommt die Antwort: „Sei still, ich halte mit meinen Füßen den Himmel fest, würde ich das nicht tun, so würde der Himmel einstürzen.“ Da kam ein Windstoß und verschreckt flog der Spatz davon und siehe da: Der Himmel stürzte nicht ein. Ich finde, ganz so spatzenhaft sollten wir uns nicht verhalten. Wir haben weder den Himmel zu stützen, noch können wir die Erde retten. Es ist Gott, der dies tut, und dies ist Grund für sehr viel Zuversicht. Wenn er unser Licht und unser Heil ist, so brauchen wir uns vor nichts zu fürchten. Nicht einmal vor uns selber.

4. Kommen Tiere in den Himmel?

Der Philosoph Arthur Schopenhauer, der manch bitteres Wort über die Menschen gesagt hat, scheint Tiere gemocht zu haben. In seinen Paralipomena schreibt er: „Woran sollte man sich von der endlosen Verstellung, Falschheit und Heimtücke der Menschen erholen, wenn die Hunde nicht wären, in deren ehrliches Gesicht man ohne Mißtrauen schauen kann?“ Das klingt ähnlich wie jener Wandspruch, aus der „Amtsstube“, von dem ich sprach. Dort stand „Seit ich die Menschen kenne, liebe ich die Tiere.“ Ich bin sicher, daß es bei manchen angeblichen Tierfreunden tatsächlich so ist. Tiere werden zum Ersatz für Menschen. Ihre Treue und Anhänglichkeit sollen helfen, der eigenen Einsamkeit Herr zu werden. Sie sollen Spielpartner sein für Kinder, die keine Geschwister haben. Sie werden zum Objekt für betuliche Fürsorge. 300 Mark, so erfuhr ich kürzlich, gibt eine alte Dame monatlich aus, um wilde Tauben und Enten zu füttern. Dies zu einer Zeit, in der in manchen Orten unserer Welt Menschen verhungern oder aus Geldmangel an heilbaren Krankheiten sterben. Was sich als Tierliebe ausgibt, kann verkappter Egoismus sein. Wirkliche Liebe zum Tier verlangt, daß wir das Tier ernst nehmen in seiner Eigenart und ihm nicht unterstellen, es sei so etwas wie die vereinfachte Ausgabe des Menschen. Als Geschöpf Gottes hat das Tier seine eigene Würde und eben seine eigene Art. Dies als Vorbemerkung zu Ursulas Frage:

„Viele Leute, die ich gefragt habe, ob Tiere auch in den Himmel kommen, sagen nein. Ich möchte wissen, was Sie antworten. Ich glaube nämlich fest daran. Ich glaube, daß Tiere auch in ein schönes Paradies kommen. Ich glaube, daß Tiere auch beten und denken können, eben auf ihre Art und Weise. Für mich wäre ein Paradies ohne Tiere kein Paradies. Ich möchte immer bei meinem Pony bleiben. Gibt es keine Tiere im ewigen Leben? Haben Tiere keine Seele?“

Eine Seele wie wir Menschen haben Tiere gewiß nicht, aber auch sie sind Zeichen Gottes, geschaffen von seiner Liebe. Wie jedes Geschöpf sind sie auf Grund ihres innersten Wesens auf Gott hingeneigt. Sie künden durch ihr Dasein von der unendlichen Intelligenz und Weisheit des Schöpfers. Ein großer Theologe hat einmal gesagt: „Jedes Geschöpf ruft aus, daß es einen Gott gibt." Wenn wir das Gebet beschreiben als einen Lobpreis Gottes, so wird man Ursula zustimmen können, daß auch die Tiere „auf ihre Art und Weise", wie sie das sagte, am Gebet beteiligt sind. Wir Menschen können uns Gott verweigern – das Tier nicht. Es folgt den Bahnen, die der Schöpfer ihm vorgezeichnet hat. Diese Bahnen münden ein in einen Zustand, den die Heilige Schrift den „Neuen Himmel und die neue Erde" nennt. Auch für die Natur ist das Todesschicksal nicht das endgültige Schicksal. Wir Christen glauben, daß in Jesus Christus alles erschaffen ist im Himmel und auf Erden. Und was er erschaffen hat, hat er erlöst; was er erlöst hat, hat er zu unvergänglicher Herrlichkeit bestimmt. Nur der Mensch darf und muß weiterleben als diese konkrete Person, die er in seinem Leben geworden ist. Aber auch das Tier wird da sein auf der „neuen Erde". Man erzählt, der heilige Franziskus habe manchmal auch den Tieren gepredigt. Ich weiß nicht, was er zu den Tieren sprach. Vielleicht hat er laut den alttestamentlichen Lobgesang der Drei Jünglinge gebetet. „Was auf Erden wächst, preise den Herrn. Was im Wasser sich regt, preise den Herrn. Ihr Vögel des Himmels, preiset den Herrn. Ihr wilden und zahmen Tiere, preiset den Herrn."

5. Ich hab' gebetet und gebetet ...

Auch wenn viele liebe Menschen mir täglich einen „Guten Morgen" wünschen, so weiß ich: Es wird ein Tag sein, der in großen oder kleinen Dingen auch Enttäuschungen bringt. Es wäre schlimm, wenn wir so gar nichts mehr erwarten, nur stumpf in den Tag hineinleben würden. Manche behaupten es: sie würden gar nichts mehr vom Leben, von anderen Menschen oder von sich selbst erwarten. Wäre das wahr, weshalb würden sie darüber sprechen? Wer so redet, erwartet zumindest meine Antwort. Wer Erwartungen hat, muß auch mit Enttäuschungen leben, denn viele Erwartungen werden enttäuscht. Sie und ich sind die beste Garantie dafür. Jeden Tag enttäuschen wir Menschen. Und andere vielleicht uns.

Wer zu beten gelernt hat, flüchtet sich vielleicht zu Gott: Du aber, Herrgott, du verstehst mich doch, du weißt, was ich meine, kennst doch meine Sehnsucht, meine Trauer, meinen guten Willen, meine so bescheidene Bitte um ein bißchen Glück ... mein Leben, meine Angst vor mir selbst. Du kennst das doch ... – Ursula hat von dieser Art des Betens in einem Brief ein wenig ausgedrückt:

„Ich habe wenig Freunde und Freundinnen und mein bester Freund ist mein Pony Recka, das ich mit sieben Jahren geschenkt bekommen habe. Ich habe es bekommen, als es zwei Jahre alt war, und habe es sehr lieb gewonnen. Ich kann einfach nicht daran denken, es zu verlieren, wo es doch mein einziger Freund ist. Doch vor kurzem ist es schwer erkrankt, und der Tierarzt sagte, daß es wahrscheinlich zum Schlachter müßte. An dem Tag habe ich gebetet und gebetet. Ich war neben meinem Pony im Stall und habe viel geweint. Erst habe ich an Gott gezweifelt, als ich sah, wie mein Pony sich quälte. Und ich habe mich mit Selbstmordgedanken 'rumgetragen. Ich habe das niemand gesagt. Doch einige Tage später sagte der Tierarzt, daß Recka wieder gesund wird. Ich war so glücklich und betete zu Gott aus reinem Dank. Und ich bin ihm sehr dankbar dafür."

Wer je in einer finsteren Situation seines Lebens ein Bittgebet gesprochen hat – und hätte es aus den drei Worten „Herr hilf mir" bestanden – weiß wohl auch um die ganz persönliche Not einer solchen Stunde und solchen Betens. Meinungsumfragen haben immer wieder gezeigt, daß die Mehrzahl der Deutschen betet. Wenn nicht regelmäßig, so doch gelegentlich. Wer betet, gibt zu, daß er sich selbst nicht genug ist. Er tritt hin vor das Du eines Wesens, das über ihm steht, von dem er abhängig ist. Er läßt den Gedanken aufkommen, daß wir angesprochen sind von einem Gott. Er erkennt an, daß dieser Gott eine Verfügungsgewalt besitzt. Er traut diesem Gott auch etwas zu. Vielleicht nennt er ihn Vater, vielleicht auch Mutter. Die Mariengebete der katholischen Kirche sind – ich sehe es so – eine zusätzliche Chance des Betens. Wem das Wort Vater verstellt ist, warum sollte er nicht Mutter sagen, wenn er mit Gott sprechen möchte?

Eines freilich möchte ich auch unserer Ursula zu bedenken geben: Wer betet, betet immer auch aus dem Augenblick seines Lebens heraus. Ich habe in meinem Schrank viele Photoalben mit Momentaufnahmen meines Lebens. Gelegentlich blättere ich sie durch. Nun bin ich aber 50 Jahre alt. Ich würde von keinem Photo sagen, daß es mein Leben sei. Natürlich gab es Augenblicke, denen ich wie Goethe in seinem Faust gerne zugerufen hätte: „Verweile doch, du bist so schön." Aber es gibt in einem Leben auch die anderen Stunden, wo man so neben Idealen, Wünschen und vielleicht sogar neben sich selbst so ungemein traurig kauert wie Ursula neben dem Pony. Und dann wurde es anders als man dachte.

Ursula sagte: „Ich war so glücklich und betete zu Gott aus reinem Dank." Wann eigentlich tun *wir* das 'mal?

6. Dann würde sie sagen: „Du spinnst wohl“

„Wer das Leben kennt und nicht in Gegenden wohnt und lebt, die man mittelalterlich nennen könnte, weiß schon ..., welche dunkle, verworrene und bittere Fragen gemeint sind.“ So hat vor Jahren der Jesuit Karl Rahner einen Aufsatz begonnen, der die Überschrift trug: „Der Christ und seine ungläubigen Verwandten.“

Sein Problem ist bis heute aktuell geblieben. Nicht nur in der Verwandtschaft, auch im Kreise von Freunden, Nachbarn und erst recht von Berufskollegen, haben wir mit Menschen zu tun, die anders denken als wir selbst. Dies gilt keineswegs nur für den Bereich des Religiösen, sondern auch für das weite Feld politischer Überzeugungen und in der Beurteilung vieler Sachfragen, die das heutige Leben uns aufgibt. Ursula schätzt einen Menschen, der – wie sie meint – keinen Zugang mehr findet zu Gott.

„Es gibt einen Menschen, den ich sehr gern habe. Es ist eine nette Frau, doch sie glaubt nicht an Gott und hat sich scheiden lassen. Sie ist nett zu mir. Sie sieht eigentlich glücklich aus, doch ich glaube, sie hat große Probleme. Sie weiß nicht, daß ich sie sehr gerne habe, obwohl sie mir schon einige Male sehr weh getan hat. Ich bin traurig darüber, daß sie nicht an Gott glaubt. Ist es eine Sünde von mir, wenn ich diesen Menschen trotzdem sehr gerne habe? Ich würde ihr so gerne helfen, aber ich glaube, ich bin zu jung dazu. Ich würde sie so gerne überzeugen, daß es Gott gibt. Aber wie kann ich das bloß machen? Wenn ich zu ihr ginge und sie fragen würde, warum sie nicht an Gott glaubt, dann würde sie bestimmt antworten: ‚Du spinnst wohl!‘ Ich würde ihr so gerne helfen, aber ich weiß nicht *wie*.“

Wer selbst das Christentum, die Kirche und das Leben mit ihr als Gottes gnädigen und verpflichtenden Willen an uns erfahren, und vielleicht als *Glück* des eigenen Lebens erfahren hat, der möchte anderen davon mitteilen. Für den Christen ist es eine Pflicht der Liebe, sich zu sorgen für das Heil (oder sagen wir schlicht: für das Glück) der anderen. Er tut es aus dem gleichen Grund, den der Völkerapostel Paulus in seinem Brief an seinen Schüler Timotheus nennt: weil er will, „daß alle Menschen heil werden und zur Erkenntnis der Wahrheit gelangen. Denn es ist nur *ein* Gott und nur *ein* Mittler zwischen Gott und den Menschen, der Mensch Jesus Christus, der sich selbst als Lösegeld hingegeben hat." Wir sollten uns zunächst allerdings im klaren sein, daß oft genug wir Christen selbst mit unserer Selbstgefälligkeit und unserer Halbherzigkeit es sind, die anderen den Blick auf das wahre Wesen der Kirche verstellen und durch unsere Fehler das Christentum kompromittieren. Außer den Kirchen stehen auch andere bereit, die den Menschen versprechen, sie wollten ihm Glück und Geborgenheit vermitteln. Wie im Warenhaus, so werden auch im alltäglichen Leben diese Angebote mit reißerischen Schlagworten und vielen schönen Versprechungen an den Mann gebracht. Aus eigener Erfahrung wissen wir, daß Worte nicht genügen, um Überzeugungen zu schaffen. Auch das Christentum läßt sich nicht vermitteln durch fromme Sprüche und scheinbar eingängige Katechismusformulierungen. Wir sollten deshalb nicht anderen Menschen die Frage stellen, warum sie nicht an Gott glauben, sondern uns selber fragen, ob nicht wir es sind, die anderen diesen Glauben schwer oder gar unmöglich machen. Wenn wir mit unserer Botschaft, so wie wir sie ausrichten, erfolglos bleiben, so heißt dies nicht, daß Gott seine Partie verloren hat. Manchmal meinen wir an verschlossene Herzenstüren zu klopfen, durch die der Herr selbst schon längst eingegangen ist. Wenn es uns ernst ist mit der Liebe zu einem Menschen, werden wir sehr behutsam sein: „Die Liebe ist langmütig, gütig, nicht prahlerisch, sie bläht sich nicht auf" sagt Paulus im 1. Korintherbrief. Um einem anderen Menschen zu helfen, bedarf es oft eines ganzen Lebens. Stunden, die ich ihm widme, vielleicht sogar Jahre, die ich ihm schenke, sind zu wenig: es bedarf eines ganzen Lebens. Karl

Rahner hat seinen Aufsatz mit dem Wort geschlossen: „Die christliche Einsamkeit unter denen, die wir lieben, wird immer wie ein Speer unser Herz durchbohren. Aber das Heil ist einem durchbohrten Herzen entströmt. Es war aber durchbohrt worden von denen, die es liebte.“

Sitzen wir auf dem richtigen Dampfer?

Man kann den Zugang zu Gott verstellen durch Gottesbilder aus Menschenhand

1. Dauerkrise

Es sind nicht die schlechtesten Stunden im Leben eines Menschen, wenn er plötzlich einmal stehenbleibt im Trott seines Alltagslebens, um sich zu fragen: Wozu das alles, was du tust? Lohnt es sich, für das zu leben, wofür du deine Kraft einsetzt? Viele unserer Jugendlichen stellen diese Fragen heute schon an der Schwelle des Erwachsenwerdens. Sie fragen: Wofür bin *ich* da? Welchen Raum läßt mir die Welt, die ich vorfinde, um mich selbst zu verwirklichen? Diese Welt ist weitgehend geprägt von den Idealen, welche die Generation vor ihnen sich auf die Fahnen geschrieben hat, denen sie nachläuft. Nach den Jahren, in denen man buchstäblich im Dreck gelegen und danach bittere Armut erfahren hatte, schien es für viele von denen, die an der Gestaltung unserer Gesellschaft und unseres Staates mitgearbeitet haben, erst einmal wichtig, einen gewissen Wohlstand zu erreichen, sich in der Welt wieder Geltung zu verschaffen durch Friedensliebe, politische Anständigkeit und wirtschaftlichen Aufbauwillen. Ein paar Jahre lang hatte man mit diesen Aufgaben alle Hände voll zu tun. Im Laufe der Zeit aber entdeckte man weitere Ideale, für die sich das Leben zu lohnen schien. Erfolg zu haben und dadurch andere zu überflügeln: für viele wurde dies zum Motor ihres Handelns und Strebens. Erfolg, so fragt sich der Erfolgreiche eines Tages, was soll's? Er müßte mir, wenn er Sinn haben soll, ein paar glückliche Stunden bescheren: am Tag, in der Woche, zumindest im Jahr. Die Werbung griff das auf und bot vielerlei Glücksbringer an: Zigaretten, Parfums, Schnäpse, Reisen, Autos, Hobbies (möglichst solche, die Geld kosten). Aber nein, sagten andere, wichtiger als Besitz und Wohlstand sind menschliche Kontakte und Beziehungen, die uns bereichern. Mancher stellte fest, daß uns nichts mehr bereichert als der Einsatz für andere. Sicherlich hat man deswegen den Friedensnobelpreis 1979 an Mutter Teresa verliehen. Aber die tiefste Sehnsucht des Menschen geht noch viel weiter: Es ist Sehnsucht nach Geborgenheit. Ehe wir auf die Welt kamen, war diese Sehnsucht einmal erfüllt: als wir geborgen waren im Leib der Mutter. Die Grunderfahrung, die früher einsetzt als alle Möglichkeit des Denkens, bleibt wichtig für unser ganzes Leben, und sie flackert selbst im Augenblick des Sterbens deutlich erkennbar noch einmal auf. Aber sie bricht sich auch vorher immer wieder Bahn im Leben des Menschen. Wenn wir fragen: Wer bin ich, wo komme ich her, wo gehe ich hin, was ist der Sinn meines Lebens, was der Zweck meines Tuns, was das Ziel meines Denkens, dann stehen wir in des Wortes ursprünglichster Bedeutung in einer *Krise.* Das Wort *Krise* kommt aus dem Griechischen. Es bezeichnet nach Ausweis des Lexikons eine Unsicherheit, eine bedenkliche Lage, eine Zuspitzung, einen Wendepunkt und vor allem eine Entscheidung. Amerikanische Psychologen haben das Wort von der mid-life-crisis, der Krise in der Mitte des Lebens geprägt. Sie meinen dieses Stehenbleiben, um zu fragen: „Wohin und wozu“, von dem ich eingangs sprach. Es ist ein sehr wichtiger Abschnitt im Menschenleben. Ich wünsche niemandem, er möge vor einer solchen Krise bewahrt bleiben. Wir würden sonst zu Funktionären des Lebens, die einfach mechanisch tun was zu tun uns vorgegeben ist von politischen und wirtschaftlichen Zeitabläufen. Wir würden uns verschließen wie ein Rädchen in einem großen Mechanismus. Die Krise, in die ein Mensch gerät, ist wichtig als Ausgangspunkt der Entscheidung. Die christlichen Kirchen sind der Meinung, daß es die wichtigste Entscheidung des Menschen sei, ob er sich für oder gegen Gott entscheidet. Gleich im ersten Buch unserer Bibel ist davon die Rede. Eingekleidet in eine Bildersprache erfahren wir im Alten Testament von der ersten Krise des Menschen, die zu einer Dauer-Krise geworden ist. Es geht um die Idee der Menschen, sie könnten sich allein und ohne die Gebote eines Gottes, eine paradiesische Welt schaffen. Und heute erkennen wir, daß wir nackt sind; „verdammt hilflos“ ohne einen Herrgott.

2. Neu zum Leben erwachen

Ich sprach verschiedentlich davon, daß im Juli 1979 eine „Gemeinsame Erklärung des Rates der Evangelischen Kirche in Deutschland und der Deutschen Bischofskonferenz" erschien. Sie trägt den Titel „Grundwerte und Gottes Gebot" und stellt den Versuch dar, angesichts tiefer Unsicherheit, von der sowohl das Leben des einzelnen wie das Zusammenleben in Staat und Gesellschaft bestimmt sind, Antwort zu geben, wie sich menschliches Leben und Zusammenleben an gemeinsam bejahten sittlichen Werten ausrichten lasse. Es war, so meine ich, ein wichtiger Schritt auf dem Wege ökumenischen Bemühens, daß man diese Erklärung gemeinsam vorgelegt hat. Allzuviele Fragen ergeben sich für den Menschen am Beginn des letzten Abschnittes unseres Jahrhunderts. Sie reichen – wie es in der Einleitung heißt – „vom Zweifel am Sinn des Lebens über eine weit verbreitete Ratlosigkeit gegenüber den Zukunftsaufgaben der Menschheit bis hin zu einer allgemeinen Lebensangst, die nur mühsam verdrängt wird".

Wir wissen aus vielerlei Berichten und Diskussionen um die Begrenztheit verfügbarer Energien und Rohstoffe. Wir wissen, um manch unliebsame Nebenwirkungen der Technik, von der man sich vor 200 Jahren ein Paradies auf Erden erhoffte. Soll es uns gelingen, die Aufgaben einer mit vielerlei Unsicherheit versehenen Zukunft zu meistern, so müssen wir Ausschau halten, ob es Maßstäbe gibt, die unsere Gesellschaft zu einer Gemeinsamkeit des Handelns führen könnten.

Die Kirchen können feststellen, daß es trotz der vielbeschworenen Orientierungskrise in unserer Gesellschaft noch viele Übereinstimmungen gibt, die in engem Zusammenhang stehen mit dem christlichen Glauben und den Lebensregeln der Kirchen: Die Personwürde des Menschen, die Bedeutung des Gewissens, die Erwartung einer ausgleichenden

Gerechtigkeit, die Brüderlichkeit unter den Menschen, die Gleichrangigkeit von Mann und Frau sind Beispiele dafür.

Unter denen, die sich Christen nennen, gibt es vor allem Übereinstimmung darin, daß es auf die unausweichlichen, schlichten Fragen nach Herkunft und Ziel unseres Lebens, nach dem, was wir sind und sollen eine Antwort gibt. Wir bekennen: Gott ist Schöpfer, Retter und Erlöser der Menschen; er ist Ziel und Vollendung unseres Lebens. Wer dies sagen kann, lebt in der Gewißheit, daß der Sinn des Lebens über die Schwelle des Todes hinausreicht. Solche Gewißheit ist nicht das Ergebnis philosphischen Nachdenkens oder der Einsicht des forschenden Geistes wie die Ergebnisse der Naturwissenschaft. Sie kommt aus jener Zuwendung und Herabneigung Gottes, von der wir durch die Selbsterschließung Gottes wissen. *Offenbarung* nennen wir sie. Gott selbst hat dem Menschen in der Präambel der Zehn Gebote gesagt, daß er ihm Herr und Gott sei. Nicht ein blindes, furchterregendes Schicksal waltet über dem Menschen, sondern wir „leben, bewegen uns und sind" – wie die Apostelgeschichte es ausdrückt – in Gott. *Er ist* der Ausgangspunkt, der Begleiter und das Ziel unseres Lebens. Als Gott am Berge Sinai die Zehn Gebote verkündete, begann er mit dem Satz: „Ich bin der Herr, dein Gott." Für das Volk Israel war dieser Satz eindringlicher Hinweis und Erinnerung an das befreiende und erlösende Handeln Gottes beim Auszug aus Ägypten. Trotz allen Versagens im Laufe unserer Geschichte, in dem Menschen sich als grausame und fanatische Un-Menschen erwiesen haben, ist Gott sich treu geblieben und nicht müde geworden, uns den Weg zu zeigen aus der Ausweg-losigkeit eigenen Besserwissens hin zu ihm. Dies ist der Sinn seiner Gebote. Sie sind nicht Befehlsworte eines tyrannisch gebietenden Gottes, sondern Wegweisungen zum Leben. Zu diesem Gott konnte der heilige Augustinus, die Erfahrungen seines eigenen Lebens zusammenfassend, beten:

Gott, von dir sich abwenden, heißt fallen.
Zu dir sich hinwenden, heißt aufstehen.
In dir bleiben, heißt sicheren Bestand haben.
Gott, dich verlassen, heißt sterben,
zu dir heimkehren, heißt neu zum Leben erwachen.
In dir weilen, heißt Leben.

3. Die Götter neben Gott

Nicht von einem frommen Kanzelredner, sondern von einem der Väter der Weltraumfahrt, von dem Deutsch-Amerikaner Wernher von Braun stammt der folgende Satz: „Ich glaube, es ist im Zeitalter der Weltraumfahrt dringend nötig geworden, Gott als einen weit größeren und mächtigeren Schöpfer und Herrn anzuerkennen, als ihn viele von uns bisher gesehen haben." 700 Jahre vor ihm hat einer der größten Theologen des Abendlandes, Thomas von Aquin, etwas ganz Ähnliches gesagt: „Im irdischen Leben ist unsere höchste Erkenntnis Gottes diese: Er ist erhaben über alles, was wir von ihm denken." Beide Aussagen eignen sich sehr als Antwort auf die Feststellung jenes russischen Astronauten, der aus dem Weltraum zurückkehrend, erst einmal klarstellte, daß er dort einen Gott nicht angetroffen habe. Aber vielleicht eignen sie sich auch als Mahnung an uns, nicht Gott zu sagen, wenn wir unsere Götzen meinen.

In dem neuen Einheitsgesangbuch der deutschen Diözesen, dem Gotteslob, steht ein Liedtext, dessen 4. und 5. Strophe lauten:

„Wir sind taub, sind stumm,
wollen eigne Wege gehn.
Wir erfinden neue Götter
und vertrauen ihnen blind.

Dieser Weg führt ins Nichts und wir
finden nicht das Glück,
graben unsre eignen Gräber,
geben selber uns den Tod."

Es handelt sich um eine Nachdichtung des 95. Psalmes, der eine uralte Menschheitserfahrung ausdrückt: Der Zusage und dem Anspruch des lebendigen Gottes steht die Absage und das Versagen des Menschen gegenüber. Das heißt: Allen traurigen Erfahrungen ihrer Geschichte zum Trotz stellen die Menschen immer wieder Götzenbilder auf den Altar, der Gott gebühren sollte. Solange die Geschichte währt, wird es deshalb immer die Auseinandersetzung zwischen Gott und den Götzen geben. Götzen sind nichts anderes als selbstgeschaffene Götterbilder. Es sind Götzen, wenn Güter unserer Welt in ihrer Bedeutung soweit hinaufgesteigert werden, daß man ihnen Verehrung zu schulden glaubt. Gold ist oftmals ein Götze gewesen und Rohöl, das flüssige Gold, schien es zu werden. Vielleicht sollten wir eines Tages gar die Knie beugen vor den Zapfstellen und ihren Wächtern. Es sind auch Götzen, wenn Denkergebnisse oder geschaffene Strukturen so dargeboten werden, daß man vor ihnen niederfallen und sie anbeten soll. Erinnern wir uns: die Volkszugehörigkeit, die Nation, der Staat wurden in der jüngeren deutschen Vergangenheit zu Götzen gemacht und mit religiösem Nimbus versehen. Ich habe als Kind die als Kultstätte ausgestaltete Grabhalle eines Nazi-Helden gesehen und später am Fernsehschirm als junger Mann die Zeremonien der Jugendweihen in der DDR. Es scheint zu stimmen, was deutsche Bischöfe und der Rat der evangelischen Kirche in Deutschland in ihrer Grundwerte-Erklärung von 1979 sagen: „Auch da, wo man die Verehrung eines Gottes ausdrücklich ablehnt, bleibt gewöhnlich sein Thron nicht leer: Idole und abergläubische Praktiken treten an seine Stelle."

Und wir allesamt haben durch Fernsehsendungen schon zur Kenntnis nehmen müssen, welch giftige Pilze in den letzten Jahren aus dem Boden angeblicher Rationalität emporgewachsen sind: Jugendsekten und schwarze Messen und neuerdings der Fanatismus in Teheran, der uns das Zittern gelehrt hat.

Aber vielleicht gibt es selbst in den christlichen Kirchen die Neigung, sich eine heile Welt zu erhalten durch ein Nachplappern der Parolen, die versprechen, daß wir sitzen bleiben dürften in den Sesseln unseres selbstzufriedenen Bürgertums. Es wäre gefährlich. Die Verantwortlichen der beiden großen christlichen Kirchen in Deutschland haben uns nachdenklich machen wollen, als sie uns sagten, wir müßten uns auch die Frage stellen nach Sein und Schein, Wesen und Unwesen im Christentum: alle selbstgemachten Götzen, aber auch alle nur weltlichen Mächte, hielten den Vergleich mit dem wahren Gott nicht aus. Ein jeder von uns, hat sich einiges zu fragen. Ich frage mich selbst, ob es wirklich keine Götzen sind, denen ich nachlaufe und die ein gutes Stück meiner Zeit beanspruchen. Auch das Ich kann ein Götze sein.

4. Unser Reden von Gott

Man fragte fünfzehnjährige Schüler, ob sie manchmal über Gott nachdächten. Die Antworten, die ohne Namensnennung gegeben wurden, ähneln in verblüffender Weise dem, was auch Erwachsene ihren Seelsorgern eingestehen. Einer schreibt: „Wenigstens dann, wenn ich sehr glücklich bin oder in einer großen Seelennot." Ein anderer: „Ich bemühe mich, an Gott zu glauben, zweifle aber manchmal, ob es ihn gibt." Ein dritter: „In unserer Zeit, die von Hetze, Streß und Arbeitspensum geprägt ist, gibt es kaum Zeit, über Gott nachzudenken." Manche sagen, sie hätten noch nichts von ihm gespürt, noch keine Antwort gefunden, während einer sehr spontan den Satz niederschrieb: „Ich freue mich über jeden neuen Tag und danke Gott, daß ich leben darf."

Nach meiner Erfahrung sind es nur wenige Menschen, die von Gott nichts wissen *wollen,* weil sie sich beeinträchtigt fühlen in ihrem Willen zu absoluter Selbstbestimmung. Die Mehrzahl der Menschen weiß, daß wir ohnehin hineingeboren sind in unzählige Abhängigkeiten: sowohl im Beruf wie auch in der Technik, in der Wirtschaft und in der Politik. Und viele haben erkannt, daß die Achtung Gottes zwar die Möglichkeit menschlichen Versagens nicht ausschließt, aber noch am ehesten die Gewähr für ein hohes Maß von Freiheit und vor allem für die Achtung menschlicher Würde gewährleistet.

Die Frage nach Gott wird niemals verstummen. Sie bricht immer wieder auf, wenn der Mensch die Natur betrachtet. So sagte der berühmte Weltraumforscher Wernher von Braun: „Der unendliche Sternenhimmel, der die Raumfahrer umgibt, wird ihnen eine stete Mahnung sein, daß es eine Kraft gibt, die größer ist als der Antriebsschub ihrer Raketenschiffe; daß es einen Geist gibt, der größer ist als der kalte Verstand ihrer elektronischen Rechenmaschinen." Erst recht aber stößt der Mensch auf die Gottesfrage, wenn er darüber nachdenkt, ob sein Leben und die Geschichte der Menschheit einen Sinn haben oder in einem dunklen Nichts enden.

Die Suche nach Gott wird für viele Menschen jeden Alters deshalb so schwierig, weil das 1. der Zehn Gebote von uns so vielfach mißachtet wurde. „Du sollst dir von Gott kein Bild machen", heißt es dort. Gott selber hat uns gewarnt, unsere eigenen Maßstäbe in das Bild Gottes hineinzutragen. Dies aber ist immer wieder geschehen. Nicht nur in der Weise primitiver Kulturen, die sich Bilder ihrer Götter geschaffen haben, um magisch über sie verfügen und sie in den Dienst der eigenen Interessen zu stellen. Der Name Gott wurde oftmals zu einer Verkörperung menschlicher Interessen und zu einem Code-Wort für dahinterstehende irdische Machtmittel. Das Wort Gott (Grundwerte-Erklärung der christlichen Kirchen im Juli 1979) ist in der Geschichte der Menschheit auf vielfache Weise beschmutzt worden: Im Namen Gottes wurden fürchterliche Kriege geführt und schreckliche Urteile gefällt. Dies bedeutet, daß der Mensch selbst für sich und für andere den Zugang zu Gott verstellen kann durch Gottesbilder aus Menschenhand, die dem wahren Gott sehr unähnlich sind. Leo Tolstoi, der russische Schriftsteller, meinte einmal: „Wenn ein Eingeborener aufhört, an seinen hölzernen Gott zu glauben, so heißt das nicht, daß es keinen Gott gibt, sondern nur, daß er nicht aus Holz ist." Der Apostel Paulus schreibt an seinen Schüler Timotheus (1 Tim 6,16) „Gott wohnt in unzugänglichem Licht." Das aber heißt: Er bleibt immer ein unergründliches Geheimnis. Ansonsten wäre er wohl auch nicht Gott.

5. „In Gottes Namen ...“

Sie war eine sehr gläubige Frau, meine Großmutter. Verabschiedete man sich von ihr vor einer größeren Reise, so pflegte sie als Letztes zu sagen: „Also, in Gottes Namen ...“ Es war ein Segenswunsch. Sie wollte uns auf dem Weg dem Schutz Gottes anvertrauen. Vielleicht meinte sie noch mehr: Sie wollte, daß wir Gottes eingedenk bleiben, ihn nicht vergessen sollten auf unserem Weg. Das war im Dritten Reich, in einer Zeit, in der viele vom Namen Gottes nichts mehr wissen mochten. Aber noch bei einer ganz anderen Gelegenheit sagte sie dieses „In Gottes Namen ...“ Dann nämlich, wenn wir Kinder um etwas bettelten und wenn sie schließlich nachgab. Viel später erst ist mir aufgegangen, was diese Redewendung in diesem Zusammenhang bedeutete: Es war das Ja einer Liebe, die sich Gott zum Vorbild nahm und sich seiner Großzügigkeit und seines Vertrauens erinnert: „In Gottes Namen“, es kann ein wunderbares Wort sein, wenn es so gemeint ist. Aber wir wissen, daß dieses gleiche Wort oftmals mißbraucht worden ist im Laufe der menschlichen Geschichte. Im Namen Gottes hat man Menschen auf Schlachtfelder geschickt, wo sie ihr Blut vergießen mußten im Namen des Hassers und als Sklaven politischer Machtgelüste. Im Namen Gottes hat man Eide schwören lassen, die den Menschen degradierten zum willenlosen Instrument ideologischen Herrschaftswillens. Wenn wir uns von den Geschichtsschreibern sagen lassen, was alles schon geschehen ist im Namen Gottes, so beginnen wir zu begreifen, warum Gott ein eigenes Gebot gegeben hat, daß wir seinen Namen nicht verunehren sollten. Gewiß ist dies das Verbot des Fluchens, denn im Fluch wird Gott zum Erfüllungsgehilfen eines Unheils gestellt, das wir anderen antun möchten. Aber das 2. Gebot meint mehr. Es ist, wie es in unserem Gebetbuch heißt, „eine Forderung der Ehrfurcht vor dem unergründlichen Geheimnis Gottes“. Es will die Freiheit und Souveränität des wahren Gottes betonen, der nicht menschlichen Absichten untergeordnet werden darf. Der Name steht für die Person. Solange ich den Namen eines Menschen nicht kenne, ist er für mich ein Fremder. Nennt jemand – etwa am Telefon – seinen Namen nicht, so fragen wir ungeduldig nach, mit wem wir denn überhaupt sprechen. Wir wollen nichts zu tun haben mit jemandem, der seinen Namen nicht preisgeben, der anonym bleiben will in Briefen oder Telefonaten. Und wir nennen unseren Namen, wenn wir in Kontakt treten wollen mit anderen. Schon bei Kindern auf dem Spielplatz läßt sich das beobachten: Ein Kind, das neu hinzukommt, muß erst einmal sagen, wie es heißt, wenn es mitmachen möchte. Aus der Heiligen Schrift wissen wir, daß Gott im brennenden Dornbusch Moses seinen Namen geoffenbart hat. Damit ist deutlich gemacht, daß Gott für den Menschen ein Ansprechbares Du werden wollte. Wer im Volke Israel den Namen Gottes anrief, wußte, daß er auf die Gegenwart und Hilfe Gottes rechnen durfte. Aber der Name Gottes sollte nicht zum Zauberwort werden wie bei den heidnischen Nachbarvölkern. Wer handeln will im Namen Gottes, der muß fragen nach dem Willen Gottes. Wo Macht mißbraucht wird und Unrecht am Menschen geschieht, wo Freiheit genommen wird, die Gott selbst dem Menschen geschenkt hat, da wird Gottes Name verunehrt. Nur der hält den Namen Gottes heilig, der den Willen des Vaters erfüllt und die Wahrheit tut. Im Vaterunser bitten wir „geheiligt werde dein Name". Wir möchten, daß die unendliche Erhabenheit und Vollkommenheit Gottes erkannt werde. Wie anders sollte dies in unserer Welt geschehen als dadurch, daß wir jeden Tag Gutes tun an anderen: In Gottes Namen?!

6. Der Tag des Herrn

Millionenfach an jedem Freitagnachmittag, wenn Menschen die Geschäfte oder die Büros verlassen, von der Tankstelle wegfahren oder nach einem Plausch auseinandergehen, rufen sie es sich zu: „Ein schönes Wochenende." Vielerlei Wirtschaftszweige halten unzählige Angebote bereit für unsere Freizeit. Aber auch der eigenen Phantasie sind keine Grenzen gesetzt, und jeder mag sich selbst ausdenken, was er unternehmen will, um am Montag freudestrahlend berichten zu können, er habe ein „schönes Wochenende" gehabt. Auch die christlichen Kirchen stehen an jedem Wochenende mit einer Einladung bereit. Sie geht zurück auf ein göttliches Gebot und sie lautet: „Gedenke, daß du den Sabbat heiligst." Heiligkeit ist die Wesenseigenschaft Gottes. Und wenn von Heiligung die Rede ist, so verweist dies Wort auf Gott selbst. Wir Christen glauben, daß Gott der Herr des Lebens ist und darum auch verfügen darf über die Zeit des Menschen. Doch ist es nicht ein Tribut, den Gott von den Menschen fordert, um in Erinnerung zu bringen, daß er der Herr ist und von dem, was er uns zur Verfügung stellt, auch einiges zurückfordern kann. Jesus selbst hat in der Auseinandersetzung mit dem verknöcherten Gesetzesfanatismus seiner Zeitgenossen einmal gesagt: „Der Sabbat ist für den Menschen da, nicht der Mensch für den Sabbat." Die regelmäßige Zeit der Ruhe und der Einkehr, die Gott vom Anfang der Schöpfung an für den Menschen vorgesehen hat, steht im Dienst der Selbstverwirklichung des Menschen. Unsere Sprache verrät, daß wir dafür durchaus ein Gespür bewahrt haben: „Ich muß einfach einmal wieder zu mir selbst kommen", stöhnen wir, wenn zu viele Ansprüche allzusehr an unseren Nerven zerren. Und es ist nicht gerade ein Kompliment, wenn wir von einem Zeitgenossen sagen, er sei ein ruheloser Geist. Wenn wir nicht mehr eine Ruhe finden, die uns mit Gott verbindet – und dies heißt den Sonntag heiligen –, so verlieren wir bei allem Engagement in der Welt, die notwendige Distanz vom Alltäglichen. Wenn Gott durch sein Gebot der Sonntagsheiligung den Menschen aus den Zwängen von Arbeit und Erwerb herausnimmt, so gibt er Anteil an der schöpferischen Distanz seiner selbst zur Welt. Es geht um einen Zuwachs an Freiheit und Menschlichkeit. Jeder Sonntag ist deshalb auch eine Erinnerung daran, daß unser Leben mehr ist als die Summe der erbrachten Arbeitsleistungen. Für die christliche Gemeinde ist der Sonntag allerdings noch mehr. Wir nennen ihn den „Tag des Herrn", weil es der Tag ist, an dem wir in der Feier des Gottesdienstes unseres Herrn gedenken, der durch seinen Tod und seine Auferstehung eingegangen ist in die Herrlichkeit des Herrn. Wer als Christ am sonntäglichen Gottesdienst teilnimmt, erfährt etwas vom Glanz der neuen Schöpfung, die mit Jesu Auferstehung angefangen hat und unsere eigene Zukunft sein soll. Die Gemeinsame Synode der Bistümer in der Bundesrepublik Deutschland hat es so formuliert: „In der Treue zu Auftrag und Vermächtnis des Herrn erfährt der Christ in der wöchentlichen Feier des Ostergeheimnisses, daß er selbst teilhat an Tod und Auferstehung Christi und berufen ist zur Ruhe Gottes, das heißt zum vollendeten, befreiten und unangefochtenen Besitz des Lebens." Weil ich uns dies wünsche, wünsche ich meinen Freunden nicht einfach ein schönes, sondern ein geheiligtes Wochenende.

Soll ein Pfarrer auch politisch reden?

Zumindest die Ausrüstung unserer eigenen Herzen ist unsere Sache!

1. Einfach umblättern?

Ein indisches Sprichwort sagt: „Wer ein schlechtes Gedächtnis hat, wird nicht darum herumkommen, seine Fehler zu wiederholen." Im Jahre 1985 jährten sich zum 40. Mal Daten und Ereignisse, die zu den dunkelsten Geschehnissen unserer Geschichte zählen, weil Abgründe menschlichen Versagens in ihnen sichtbar werden und zugleich die Erinnerung an unsagbares Leid. Es gibt im Leben eines jeden Menschen Stunden des Versagens, und es fällt niemanden leicht, sich sein Versagen einzugestehen. Man möchte vergessen. Aber was beiseite geschoben wird, ist deshalb nicht verschwunden oder ausgelöscht. Und wir wissen recht gut, daß aus verdrängter Schuld seelische Krankheiten entstehen, die nur zu neuem Fehlverhalten führen. Soviel jedenfalls sollten wir aus der Menschheitsgeschichte gelernt haben: Wenn Selbstherrlichkeit und Stolz sich des Menschen bemächtigen und er seine Begrenztheit vergißt, führen die nächsten Schritte bald ins Verderben, ist Untergang oft genug programmiert.

Schon die ersten Seiten der Bibel versuchen, dem Menschen diese Mahnung mit auf seinen künftigen Weg zu geben. Es ist Sache der Historiker aufzuzeigen, was zum Entstehen des Dritten Reiches und seiner todbringenden Ideologie geführt hat. Im nachhinein müssen wir eingestehen, daß unser Volk sich 1933 in die Gefolgschaft eines „Führers" begeben hat, dessen grenzenlose Selbstüberschätzung gepaart mit Haß und Menschenverachtung Millionen Menschen in den Tod geführt und aus unserem Land ein Trümmerfeld gemacht hat. Wir können nicht die Seiten der Geschichtsbücher, die davon berichten, einfach umblättern und so tun als sei dies alles nur eine traurige Episode im Lebenslauf einer ruhmreichen Nation gewesen. Zu oft begegne ich Parolen, die wiederum von dem Glauben gespeist werden, der Mensch werde sich doch eines Tages sein Paradies auf Erden schaffen und nie wieder in seine früheren Fehler verfallen. Aber sind nicht doch Gefährdungen des Menschen durch die Macht des Bösen erkennbar? Werden nicht Demut und Bescheidenheit von vielen belächelt als Duckmäusertum, das dem emanzipierten Menschen nicht mehr zu Gesichte steht? Sind Brutalität und Haß und die verschiedenen Spielarten von Rassismus und Herrenmenschentum wirklich überwunden? Mir scheint, daß eine Demokratie auf Dauer nur dann lebensfähig bleibt, wenn die Bürger, die in ihr leben, ein hohes Maß von Wachsamkeit entwickeln und sich nicht einlullen lassen von einer Selbstzufriedenheit, die sich ihres Besitzes allzu sicher ist. Uns Christen steht es nicht an, nur angstvoll in die Zukunft zu schauen, als sei es sicher und unaufhaltsam, daß das Böse im Menschen letztlich doch die Oberhand gewinnt. Im Vertrauen auf Gott, der die Geschicke des Menschen zum Guten lenken will, sind wir zu einem guten Stück Optimismus fähig. Aber wir dürfen nicht vergessen, daß Mißbrauch unserer Freiheit die ständige Gefahr ist, die uns umlauert. Im 1. Petrusbrief steht eine Mahnung, die auch den Christen des 20. Jahrhunderts jeden Tag mit auf den Weg gegeben ist: „Demütigt euch also unter Gottes starke Hand, damit er euch zu rechter Zeit erhöhe. Auf ihn werft alle Sorge, denn ihm liegt an euch. Seid nüchtern und wachsam, euer Widersacher, der Teufel, geht wie ein brüllender Löwe umher und sucht, wen er verschlingen könne. Ihm widersteht fest im Glauben." Es gehört zur Weltsicht des Christentums, das Böse als reale Möglichkeit in alle Zukunftsüberlegungen einzubeziehen, indem man sich der Möglichkeit von Sünde und Versagen stets bewußt bleibt. Aber so sehr Sünde fester Bestandteil der Wahrheit über den Menschen ist, wir sind nicht minder überzeugt, daß Gott uns seine Hand entgegenstreckt, um uns an das Ufer einer heileren Welt zu ziehen, *sofern wir es wollen!* Das Paradies auf Erden ist uns unerreichbar. Aber eine Welt, in der Brüderlichkeit herrscht und gegenseitige Hilfsbereitschaft, wäre möglich. Allerdings kann ich mir nicht vorstellen, daß es eine Welt ohne Gott wäre.

2. Umkehr und Reue

Vor über 40 Jahren, am 30. April 1945 heißt es im Kriegstagebuch des Oberkommandos der Wehrmacht: „Im heroischen Ringen wird das Zentrum der Reichshauptstadt in erbitterten Häuser- und Straßenkämpfen gehalten ..." Seit dem 16. April tobten in Berlin die Kampfhandlungen einer unbarmherzigen Groß-Offensive der 3. weißrussischen Front. Aller Widerstand konnte nicht mehr verhindern, daß am 22. April die feindlichen Truppen den inneren Berliner Verteidigungsring erreichten. Drei Tage später war die Stadt fest eingeschlossen. Mit einer Verbissenheit ohnegleichen, die sich in ohnmächtigem Trotz dem Zugeständnis widersetzte, daß der Krieg endgültig verloren sei, versuchten Hitler und seine letzten Getreuen die Niederlage aufzuhalten. Vergebens! Jetzt am 30. April spricht die Propaganda zwar noch immer von „heroischem Ringen", aber bei Hitler setzt sich die Erkenntnis durch, daß alles verloren ist. Ersatztruppen stehen nicht mehr zur Verfügung. Die Sowjettruppen stehen im Kern von Berlin. Einen Tag zuvor noch hatte er Göring und Himmler wegen Treulosigkeit aus allen Ämtern entlassen, aus der Partei ausgestoßen und sogar den Befehl erteilt, Göring zu erschießen. Jetzt ist die Stunde gekommen, da er die Pistole gegen sich selbst richtet oder wie einige Historiker sagen, durch Eva Braun auf sich richten läßt, da er physisch schon nicht mehr in der Lage war, eine Pistole zu halten. Admiral Dönitz als Reichspräsident und Joseph Göbbels als Regierungschef sollen seine Nachfolger sein. Nachfolger wozu, wird die Geschichte fragen. Deutschland, so scheint es, hat keine Zukunft mehr. Wie Berlin, so sehen fast alle deutschen Städte aus: Was in Jahrhunderten gewachsen war, war nun in Schutt und Asche gesunken. Die Ruinen, die übrig waren, mußten wie Symbole erscheinen für den geistigen Zusammenbruch einer Ideologie, die vom Haß getragen, nicht mehr erreicht hatte als dies: Untergang und Vernichtung von mehr als sechseinhalb Millionen Kriegstoten allein in Deutschland. Bis in sein politisches Testament hinein, das er am 28. April 1945 verfaßt hat, ist Hitler verfolgt von seinem Rassenwahn, der mit seiner Selbstgerechtigkeit und Selbstherrlichkeit seine hervorstechendste Eigenschaft war. Hatte er schon den Ausbruch des Weltkrieges 1939 als Ergebnis einer jüdischen Weltverschwörung dargestellt, so ruft er auch jetzt in seinem Testament zum „unbarmherzigen Widerstand gegen den Weltvergifter aller Völker, das internationale Judentum" auf.

Für mich wird in der Person Adolf Hitlers in erschreckender Weise deutlich, wie ideologische Verbissenheit über jede Vernunft und jede humane Regung siegen kann. Für Hitler, so urteilt ein Historiker, galt der Krieg als ideologischer Vernichtungskampf, in dem völkerrechtliche Bestimmungen bedeutungslos sind. Wir haben in Adolf Hitler einen Menschen vor uns, der offenbar bis in die letzten Augenblicke seines Lebens hinein unfähig war, Fehler einzugestehen. Und genau dies ist ein zutiefst unmenschlicher Zug. Mehr noch als vor seinem menschlichen Versagen, das unserem Volk millionenfaches Leid gebracht hat, müssen wir erschrecken vor der Unfähigkeit dieses Menschen zu dem was wir Reue nennen.

Genau dies sollte uns nachdenklich machen und zu einer Frage an uns selber führen: Wie ist es heute bestellt um die Fähigkeit der Menschen zu Umkehr und Reue? Haben wir nicht manchmal Angst, Umkehr könnte Schwäche sein und Reue ein Mangel an Lust, sich konsequent zu seinen Fehlern zu bekennen? Ich bin sicher, daß die Unfähigkeit zur Reue die Folge einer Glaubenslosigkeit ist. Wenn wir uns bemühen, in unserem Leben Gott als unseren Herrn anzuerkennen und seinen Ansprüchen zu genügen, so werden wir uns zwar immer wieder unserer Unzulänglichkeit und Zerrissenheit bewußt. Aber in der Erkenntnis der eigenen Sünde begegnen wir sogleich auch der tröstlichen Botschaft des christlichen Glaubens, die der Apostel Johannes für uns formuliert hat: „Wenn das Herz uns auch verurteilt – Gott ist größer als unser Herz." Unsere Selbsterkenntnis führt zur Trennung vom Bösen und zur Erneuerung der Freundschaft mit Gott. Die Erinnerung an einen Menschen, dem die Hinwendung zum Gott des Verzeihens und der Liebe wohl niemals gelungen ist, sollte uns nicht zu einem Gefühl des Abscheus oder der Selbstgerechtigkeit führen, sondern uns erinnern, daß wir alle der *Bekehrung* und der *Versöhnung* bedürfen, um unsere eigene innere Ordnung wieder herzustellen, so oft sie gestört wird durch Sünde und verbissene Rechthaberei.

3. Der totale Krieg

Es sind bedrückende und schauerliche Bilder, manchen Gedenktagen lebendig werden in der Erinnerung all derer, die die Ereignisse der letzten Kriegstage miterlebt haben. Von Deutschland war am Ende des 2. Weltkrieges nur noch ein Trümmerhaufen übriggeblieben. Die Reichshauptstadt war ein Kriegsschauplatz inmitten von Ruinen. Die Zivilbevölkerung lebte in bitterster Not. Angst hatte sich der Menschen bemächtigt und ein Gefühl der Ohnmacht. Hitler hatte seinem Leben ein Ende gesetzt. Großadmiral Dönitz und Joseph Göbbels sollten die Geschicke des Volkes in die Hand nehmen. Gemeinsam mit Reichsleiter Martin Bormann versucht Göbbels Übergabeverhandlungen mit dem sowjetischen Generaloberst Wassilij Tschuikow einzuleiten. Es war zu spät. Tschuikow ist des Sieges gewiß und verlangt die bedingungslose Kapitulation. Göbbels sieht sich am Ende seiner Möglichkeiten. Die grausame Wirklichkeit hat seine verlogene Propaganda endgültig eingeholt. Nachdem sie ihre Kinder vergiftet haben, scheiden auch Göbbels und seine Frau durch Selbstmord aus dem Leben. Bormann versucht, aus Berlin auszubrechen; auch er findet den Tod.

Zwei Jahre zuvor, am 18. Februar 1943, hatte Göbbels im Berliner Sportpalast eine Rede gehalten, mit der er die von Krieg und Bombardement schon zermürbten Deutschen zu weiteren Opfern und größeren Anstrengungen motivieren will. In dieser Rede ruft er den fanatischen Massen zu: „Ich frage euch: Wollt ihr den totalen Krieg? Wollt ihr ihn, wenn nötig, totaler und radikaler, als wir ihn uns heute überhaupt noch vorstellen können?“ Die Antwort ist bekannt: ein tausendfaches Ja und Heilrufe auf den Führer. Eine halbe Stunde lang übertrug der Rundfunk den tosenden Beifall der Menge. Film- und Tonaufnahmen von dieser Veranstaltung sind noch vorhanden und wir alle, ob jung ob alt, haben sie in vielen Funk- und Fernsehsendungen immer wieder gesehen:

erschütternde Dokumentation einer der dunkelsten Stunden unserer Geschichte. Was beweisen sie? Sicherlich die dämonische Kraft der Propaganda, die es fertigbringt, jedes Urteilsvermögen auszuschalten und Gefühle des Haßes über alle Vernunft triumphieren zu lassen. Aber wohl auch die Gefährdung des Menschen durch die Macht des Bösen, das sich immer wieder Raum schafft in den Herzen. Es genügt nicht, daß uns ein Schauer erfaßt, wenn wir die Bilder aus dem Berliner Sportpalast sehen und das Gröhlen der aufgepeitschten Massen hören. Es ist zu wenig, wenn wir beteuern, nie wieder soll dergleichen geschehen. Wir können nicht darauf vertrauen, daß die vielen Friedensappelle, die aus Ost und West an unser Ohr dringen, uns tatsächlich den Frieden garantieren. Wie oft schon haben die Menschen sehnsuchtsvoll ausgerufen: Nie wieder Krieg. Die norwegische Akademie der Wissenschaften hat festgestellt, daß in den 5600 Jahren Geschichte, die wir kennen, 14 513 Kriege stattgefunden haben, in denen 3 Milliarden und 64 Millionen Menschen ums Leben gekommen sind. Allein in einem Jahrhundert waren es über 65 Millionen.

Gefragt, ob wir nun endlich den totalen Frieden wollen, läßt unser aller Ja gewiß nicht lange auf sich warten. Aber Worte sind zu wenig! Für den Weltfriedenstag des vergangenen Jahres hatte Papst Johannes Paul II. das Motto gewählt: „Der Friede entspringt einem neuen Herzen." Solcher Friede, der einem neuen Herzen entspringt, verlangt eine selbstkritische Bestandsaufnahme aller Ursachen des Unfriedens bei jedem einzelnen von uns. Wenn wir ihr nicht ausweichen, so werden wir entdecken, wieviel Eigensinn und Verhärtung, Selbstbehauptung und Überheblichkeit ständig unser Herz bedrohen. Können wir nicht immer wieder verborgene Aggressionslust und Zerstörungswut bei uns selber entdecken. Bischof Kamphaus von Limburg hat die Formulierung gebraucht, über die ich Sie nachzudenken bat, vom „Schutt, der in den Hinterhöfen unserer Seele liegt". Ohne eine „Umkehr der Herzen" wird Frieden in unserer Welt nicht möglich. Was diese Umkehr bedeutet, können wir nachlesen beim Propheten Jesaja: „Die Fesseln des Unrechts zu lösen, die Stricke des Jochs zu entfernen, die Versklavten freizulassen, jedes Joch zu zerbrechen, an die Hungrigen dein Brot auszuteilen, die obdachlosen Armen ins Haus aufzunehmen, wenn du einen Nackten siehst, ihn zu bekleiden und dich deinen Verwandten nicht zu entziehen. Dann wird dein Licht hervorbrechen wie die Morgenröte, und deine Wunden werden schnell vernarben. Wenn du der Unterdrükkung bei dir ein Ende machst, auf keinen mit dem Finger zeigest und niemanden verleumdest, dem Hungrigen dein Brot reichst und den Darbenden satt machst, dann geht im Dunkel dein Licht auf, und deine Finsternis wird hell wie der Mittag."

Es sind Worte, die über zweieinhalb Jahrtausende alt sind. Aber sie haben nichts an Aktualität verloren.

4. Kriegsende in Berlin

Für die Stadt Berlin ist der 2. Mai hoffentlich immer ein Tag des Gedenkens: 1945 kapitulierte an diesem Tag die deutsche Wehrmacht endgültig vor der Sowjetarmee. Eine Woche zuvor hatten die von Westen vorrückenden amerikanischen Truppen sich in Torgau an der Elbe mit den Soldaten der roten Armee getroffen. Eisenhower, der Oberbefehlshaber der Amerikaner, hatte es nicht für wichtig erachtet, daß auch seine Armee sich nach Berlin in Bewegung setzte. So blieb es den russischen Truppen überlassen, den letzten Widerstand in der Reichshauptstadt zu brechen und als Sieger einzumarschieren. Der Krieg war in Berlin zu Ende, aber angesichts der Trümmerberge, der Toten und der unbeschreiblichen Not der Überlebenden, konnte Freude nicht aufkommen. Wer mit dem Leben davongekommen war, mußte nun die bittere Entdeckung machen, daß das Ende des Krieges längst noch keinen Zustand des Friedens herbeigeführt hatte. Als nun endlich die Waffen schwiegen, wurden sich die meisten Deutschen des Ausmaßes der Greuel und des Schreckens bewußt, die unser Land getroffen hatten. Die Stunden in den Bombenkellern waren schrecklich, wenn ringsherum die Bomben fielen und man nie wußte, ob die Wände und Dekken neben und über einem standhalten würden. Aber nun wurde nach und nach bekannt, daß andere viel Schlimmeres mitgemacht hatten. Man erfuhr, was in Konzentrationslagern geschehen war und was den Menschen in den besetzten Ländern angetan worden war. Die bittere Erkenntnis setzte sich durch, daß nicht nur die eigene Stadt, sondern fast ganz Europa in Trümmern lag. 55 Millionen Menschen hatten gewaltsam sterben müssen, darunter mehr als sechs Millionen Juden, die dem nationalsozialistischen Rassenwahn zum Opfer gefallen waren.

Die ausgemergelten Gestalten, die aus den Ruinen hervorkamen und sich angstvoll nach draußen wagten, wirkten wie

Menschen, in denen jede Hoffnung erloschen war. Draußen herrschten chaotische Zustände. Die einzelnen Familien und die Nachbarn suchten nach Wegen, wie sie in der verwüsteten und hungernden Stadt überleben konnten. Aber es war mehr Hoffnung und Lebenswille in den Menschenherzen lebendig als der Anschein hergab. Was viele für unmöglich hielten, trat bald schon ein: aus den Trümmern ist neues Leben erstanden. Berlin ist wieder zu einer Stadt geworden, in der die Menschen gerne leben. In Deutschland ist jetzt, Jahrzehnte später, der materielle Wohlstand höher als in den meisten Ländern der Erde. Aber was noch wichtiger ist. Die Erfahrungen mit dem Unrechtssystem des Dritten Reiches haben zum Aufbau eines Staatswesens geführt, das zu den freiheitlichsten der Welt gehört. Nie zuvor hat es in Deutschland so viel Freiheit gegeben wie heute in der Bundesrepublik und Westberlin. Und dennoch können wir nicht selbstzufrieden die Hände in den Schoß legen und ausruhen nach den vier Jahrzehnten des Aufbaus. Zum einen ist die Freiheit, die den jungen Menschen bei uns schon zur Selbstverständlichkeit geworden ist, nicht allen Deutschen zuteil geworden. Das Ende des Krieges hat Deutschland geteilt, und viele Deutsche sind in Herrschaftsgebiete geraten, die sie sich nicht aussuchen konnten. Zum anderen gibt es Anzeichen dafür, daß die Grundlagen unseres Staatswesens nicht unangefochten sind. Der frühere Kölner Erzbischof, Kardinal Höffner, hat mehr als einmal in seinen Predigten die Überzeugung geäußert, daß all das, was in den Konzentrationslagern und Gestapokellern geschehen sei, nicht geschehen wäre ohne die jahrelang betriebene Zerstörung des Glaubens an Gott und ohne die Vernebelung und Betäubung der Gewissen. Wörtlich sagte der Kardinal: „Nur wenige Menschen tun das Böse um des Bösen willen. Die meisten werden erst dann zum Bösen aufgestachelt, wenn der Glaube an Gott zerstört und die sittlichen Werte durcheinandergeraten sind."

Mir scheint, daß zumal wir Christen sehr aufmerksam und

wach sein müssen, wenn es darum geht, den Abbau sittlicher Werte und die Auflösung der Moral zu verhindern. Nicht nur der einzelne, auch die Menschheit im ganzen ist immer wieder der Versuchung ausgesetzt, Gott aus ihrem Leben und aus der Welt hinauszudrängen. Der Gedanke, einen Gott über sich zu dulden, ist auch heute manchem unerträglich. Aber haben wir wirklich vergessen, wie kurzatmig unser Humanismus ist und wie leicht wir in den Abgrund geraten, wenn wir Gott nicht mehr kennen wollen und unsere eigenen Wege gehen?

5. Bilanz nach dem Bankrott

Nach der Kapitulation Berlins vor fast viereinhalb Jahrzehnten hat es nur noch wenige Tage gedauert bis am 8. Mai 1945 der 2. Weltkrieg mit der bedingungslosen Kapitulation der Deutschen endete. Einen Tag zuvor, am 7. Mai 1945, hatte sich Deutschland mit 54 Ländern im Kriegszustand befunden. Wenn wir dies heute hören, so scheint es unglaublich. Welche Verblendung muß sich der politischen Führung eines so kleinen Volkes bemächtigt haben, um sich einem solchen Krieg gewachsen zu fühlen? Wir allein gegen 54 andere Länder. Ein Wahnsinn! Wir wissen heute, was dieser Wahnsinn bewirkt hat: Trümmer, Not und Elend in einem nie gekannten Ausmaß. Kurt Zentner in seiner Geschichte des Dritten Reiches zieht die folgende Bilanz: „In den zerbombten Städten hungern die Menschen. Millionen Männer sind in Kriegsgefangenschaft. Noch immer ziehen Millionen aus ihrer Heimat Vertriebener über die Straßen in das klein gewordene Deutschland. Von den 16 Millionen Deutschen, die in Ostdeutschland und in den deutschen Siedlungsgebieten Osteuropas gelebt haben, sind fast vier Millionen ermordet worden oder auf dem langen Treck nach Westen umgekommen." – Jener Staat, der angetreten war mit dem Versprechen, er werde Frieden und Arbeit und eine glanzvolle Zukunft bringen, hinterließ neben den Gebietsverlusten und der Zerstörung unseres gesamten Landes (und vieler Städte Europas) 55 Millionen Tote in den vom Krieg betroffenen Ländern.

Viele von uns, können sich erinnern, daß einer der propagandistischen Tricks, mit denen die politische Führung das Volk zum Durchhalten aufputschte, das Märchen von einer Wunderwaffe war, die eine Wende des Krieges zugunsten der Deutschen herbeiführen würde. Es hat diese Wunderwaffe nicht gegeben, und wir müssen froh sein darüber. Diese Waffe hätte nicht eine neue, bessere Welt heraufgeführt. Wir wissen heute, wieviel neuerliche Grausamkeiten unter dem Stichwort „Endlösung" für die Zeit nach einem gewonnenen Krieg geplant waren, und wir können nur ahnen, was der Sieg des Hitler-Regimes für die Welt gebracht hätte. Wir wissen heute – sollten es jedenfalls wissen –, daß es keine Waffe gibt und jemals geben wird, die eine bessere Welt herauffühen könnte. Und dennoch ist Jahrzehnte nach Beendigung des 2. Weltkrieges unsere Welt ein einziges Waffenarsenal nie gekannten Ausmaßes. Während die Menschen eine Sehnsucht nach Frieden verspüren und darauf hoffen, daß einmal der Tag komme, an dem auf Erden alle Waffen schweigen, findet in Ost und West ein Rüstungswettlauf statt, der schon über unseren Globus hinaus in den Weltraum hineinreicht. Unsere Vorstellungskraft reicht nicht aus, um uns auszumalen, was jetzt in diesem Zustand atomarer Rüstung geschehen könnte, wenn Verantwortungslose oder Verblendete einen neuen Weltkrieg auslösen würden. Gewiß schöpfen wir ein Stück neuer Hoffnung, wenn die Abgesandten der USA und der Sowjetunion sich einmal wieder an den Tisch setzen, um über Abrüstung zu verhandeln. Aber wir wissen auch, wieviel Mißtrauen jede Seite der anderen entgegenbringt! Man redet von Frieden, aber zugleich auch davon, daß die „anderen" den Frieden nicht wollen. So wird weiter aufgerüstet und weiter mit Gewalt gedroht. Der Vertreter des Papstes bei den Vereinten Nationen hat unlängst das Wettrüsten ein Vergehen und einen Wahnsinn genannt. Es sei „ein Angriff, der zum Verbrechen werden kann: auch wenn sie unverwendet bleiben, töten die Waffen durch ihre hohen Kosten die Armen oder lassen sie verhungern." Wenn solche Worte an unsere Ohren dringen, so stimmen wir ihnen zu, und wir wünschen, daß sie von möglichst vielen gehört werden, um endlich eine Bewußtseinsänderung herbeizuführen. Uns Christen ist von unseren Kirchen immer wieder gesagt worden, daß allen Friedensbemühungen eine „Abrüstung des Herzens" vorausgehen muß. Sehr eindringlich haben es die amerikanischen Bischöfe in ihrem Pastoralbrief über Krieg und Frieden im Jahre 1983 ausgesprochen: „Der jetzige nukleare Rüstungswettlauf" – so sagen sie – „hat uns die Worte der Propheten und die Aufgabe, Frieden zu schaffen, vergessen lassen und unsere Aufmerksamkeit auf die atomare Rüstung konzentriert, die zur Vernichtung führt. Wir sind aufgerufen, uns von diesem Übel der totalen Zerstörung weg – und in Gebet und Reue Gott zuzuwenden, unserem Nächsten und dem Aufbau einer friedlichen Welt." – Und dies scheint auch mir unverzichtbar: Parolen werden uns den Frieden nicht bringen, schon gar nicht, wenn sie mit geballter Faust vorgetragen werden. Es bedarf des Gebetes und der Hinwendung zu Gott.

6. Es ist Krieg und keiner geht hin?

Da war ich mit meinem Auto in einen Stau geraten, und weil es nicht weiterging, konnte ich die Aufkleber lesen, die ein junger Mann hinten auf seiner Ente angebracht hatte. Auf einem stand: „Stell' dir vor, es ist Krieg und keiner geht hin ..." So einfach ist das also mit Krieg und Frieden. Ist es so einfach? Auch wenn seit 1945 kein neuer Weltkrieg ausgebrochen ist, aus der Friedensforschung wissen wir, daß die lokalen Kriegshandlungen so häufig waren, daß in den Jahren 1945–1980 nur an 60 Tagen kein Krieg in der Welt herrschte. Es ist unschwer zu vermuten, daß sich die Zahl kriegsfreier Tage seit 1980 nicht wesentlich erhöht hat. Kriege haben stattgefunden, finden auch heute statt, und Menschen führen sie. Und wenn Krieg ist, dann werden auch solche hineingezogen, die den Krieg nicht wollen. Auch damals im 2. Weltkrieg sind viele nicht hingegangen – man hat sie hingebracht, ihnen die Waffe in die Hand gegeben, und sie mußten kämpfen. Es ist Krieg in vielen Teilen unserer Welt: im Nahen Osten, im fernen Osten, in Afghanistan, in Teilen Afrikas und viele sind betroffen von diesen Kriegen, obwohl sie sie nicht gesucht haben, nicht hingegangen sind, um Krieg zu führen und ihr Leben tollkühn aufs Spiel zu setzen! Und dennoch, lieber junger Freund im Auto vor mir: Ich versuche es mir vorzustellen: diesen Zustand, wo niemand mehr im Krieg ist. Die katholischen Deutschen Bischöfe haben in einer ihrer Botschaften zum Thema Frieden den Satz gesagt: „Ohne das je nähere Anfangen mit dem Frieden im eigenen Herzen und im Lebensraum des Alltags fehlt dem Frieden in der Welt das Herz, das ihn hält und trägt." Angesichts des tiefen Mißtrauens zwischen den Völkern und der Angst voreinander, gerät der einzelne Bürger leicht in die Resignation: Was kann ich schon tun für den Frieden? Wenn dieses Gefühl der Ohnmacht uns in Besitz nimmt, werden wir je nach Temperament nichts tun oder demonstrieren. Beides bringt wenig Frucht oder keine. Zumindest die Abrüstung unseres eigenen Herzens ist unsere Sache und kann etwas bewirken in der Welt. Niemand, der nicht erst einmal um diesen Frieden im eigenen Herzen bemüht ist, hat das Recht, auf die Straßen zu gehen und mit viel Geschrei lautstark für den Frieden in der Welt zu demonstrieren. Der Limburger Bischof Franz Kamphaus hat in seinem Buch mit dem Titel „Was dir zum Frieden dient" eine Reihe an Formulierungen aus unserer Alltagssprache aufgezählt, die etwas von dem offenlegen, was in den Herzen der Menschen an mörderischen Einstellungen zum Leben vorhanden ist. „Wir sprechen davon, daß wir jemanden erledigen, fertigmachen, abschießen, kaltstellen, kaputtmachen ... Wir sagen: der ist für mich gestorben; den kann ich auf den Tod nicht leiden; den kannst du vergessen; den werde ich schon kleinkriegen ... Man kann jemanden totschweigen, ihn mundtot machen oder über die Klinge springen lassen." Wenn wir unsere eigene Sprache beim Wort nehmen, so wird etwas offenbar von den zahlreichen Aggressionen, die in uns hausen und sich Ausdruck verschaffen. Weil es nur Worte sind, nehmen wir sie nicht sonderlich ernst. Aber sind nicht Worte die Bausteine eines geistigen Klimas in dem wir uns bewegen und aus dem heraus unsere Taten wachsen? Damit wirklich Frieden werde in unserer Welt, ist das unverzichtbar, was wir Christen Buße nennen und was Jesus selbst in den Satz gefaßt hat „Kehrt um und glaubt an das Evangelium." Wer den Frieden will, kann nicht der bleiben, der er ist. In unser Alltagsleben muß Bewegung kommen, ehe die Welt sich ändern kann. Jeder von uns mit seinem kleinen Leben ist hineinverwoben in den Zusammenhang der Menschheit. Nichts, was der eine tut oder läßt, ist ohne Folgen für die anderen. Stell dir vor, es ist Streit in deiner Umgebung, und du gehst nicht hin. Das wäre ein Anfang. Von einem Christen ist noch mehr verlangt. Da heißt es bei Matthäus: „Wenn du deine Opfergabe zum Altar bringst und dir dabei einfällt, daß dein Bruder etwas gegen dich hat, so laß deine Gabe dort vor dem Altar liegen; geh' und versöhne dich zuerst mit deinem Bruder, dann komm und opfere deine Gabe“ (Mt 5,23 f). Das allerdings heißt: Stell dir vor, es ist Streit, und du gehst hin – nicht um zu töten, nicht um zu kämpfen und sei es nur um dein Recht, sondern um dich zu versöhnen. Es sind viele Schritte nötig, um den Frieden zu erreichen. Den ersten muß ich selbst tun, und zwar bald, denn Gott hat es eilig mit der Versöhnung, weil er weiß, wie schnell es zu spät sein kann für uns Menschen. Es sind viele Schritte zu tun, um Christ zu werden. Gott hat es eilig mit uns!

Zuspruch und Ermutigung

JOSEF ANSELM ADELMANN V. A.

Gottes Sonne 1 × täglich
50 Starthilfen in den Tag
Band 603, 128 Seiten, 8. Aufl.

Atemholen beim lieben Gott
Illustriert von Siegfried Köder
Band 917, 128 Seiten, 3. Aufl.

Wenn ich den Regenbogen sehe
Zeichen der Zuversicht
Band 1290, 160 Seiten

KARL HEINZ PFEIFFER

Auf ein Wort, liebe Kirche!
Briefe an kritisch-fröhliche Christen
Band 1084, 160 Seiten

Mit himmlisch-heiteren Grüßen
Heilige schreiben an irdische Adressaten
Band 1333, 160 Seiten

RUDOLF RENNER

Gottes Kraft in unserer Schwachheit
Leben aus der Zuversicht
Meditationen
Band 1097, 160 Seiten

Adalbert Ludwig Balling

Liebe macht keinen Lärm
Minuten-Meditationen
Band 1078, 128 Seiten, 4. Aufl.

Unseren täglichen Reis gib uns heute
Gebete aus der Dritten Welt
Band 1119, 128 Seiten

Gottes Haustür steht immer offen
Minuten-Meditationen
Band 1159, 128 Seiten, 2. Aufl.

In Gottes Hand geschrieben
Minuten-Meditationen
Band 1319, 128 Seiten

Atempause für die Seele
Minuten-Meditationen
Band 1519, 128 Seiten

Herder Taschenbuch Verlag